Couvertures supérieure et inférieure manquantes

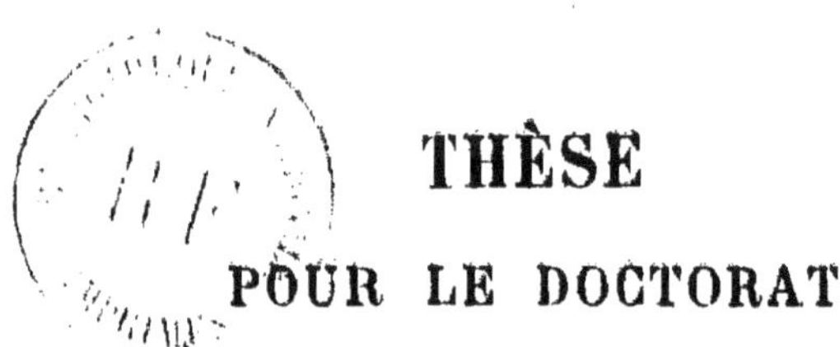

THÈSE

POUR LE DOCTORAT

UNIVERSITÉ DE POITIERS

FACULTÉ DE DROIT

COMMISSION

Président : M. Normand.

Suffragants : MM. Parenteau-Dubeugnon.
Girault, agrégé.

UNIVERSITÉ DE POITIERS
FACULTÉ DE DROIT

DE

LA RELÉGATION

DES

RÉCIDIVISTES

THÈSE POUR LE DOCTORAT

PRÉSENTÉE ET SOUTENUE

Le mercredi 30 Juin 1897, à 3 heures, dans la salle des Actes publics de la Faculté

PAR

Ellemand BOUTEILLIER

Avocat à la Cour d'Appel de Poitiers

POITIERS
IMPRIMERIE BLAIS ET ROY
7, RUE VICTOR-HUGO, 7

1897

DE LA

RELÉGATION DES RÉCIDIVISTES

INTRODUCTION

On entend, dans un sens très général, par relégation des récidivistes la transportation dans les colonies, pour y vivre à perpétuité, d'individus ayant subi un certain nombre de condamnations dans les conditions déterminées par la loi. C'est là une pénalité pour ainsi dire récente dans notre législation française, puisque ce n'est que par une loi du 27 mai 1885 qu'elle y a pris place.

Avant d'examiner en détail les diverses dispositions de cette loi, il nous semble nécessaire de présenter dans cette introduction quelques observations générales sur la loi elle-même en montrant :

§ I.— *De quelle théorie pénale elle semble s'être inspirée;*
§ II.— *Quels sont ses antécédents;*
§ III.— *Quel but elle poursuit.*

De ces divers éléments, nous essaierons de dégager un principe directeur, qui, dans le cours de ce travail, nous permettra de trancher, d'une façon tout au moins logique, les difficultés que nous rencontrerons.

§ Ier

Théorie pénale dont semble s'être inspirée la loi du 27 mai 1885.

Lorsqu'il s'agit de prononcer une peine, l'élément d'appréciation est, on le sait, fort différent suivant que l'on est partisan de l'une ou l'autre des deux grandes écoles pénales qui, à l'heure actuelle, se trouvent en présence, on pourrait presque dire en lutte. — Adopte-t-on les idées de Beccaria et de l'école classique, il faut considérer la peine comme étant la sanction du mal accompli par le coupable. Celui-ci ayant causé à la société un trouble dont il lui doit réparation, ce trouble devient non seulement la base, mais la mesure même de la pénalité. Une des conséquences les plus logiques de ce système est l'impunité dont jouit en France, par exemple, l'auteur d'une tentative de crime impossible. Le trouble n'a pas existé, dit-on dans cette hypothèse, et malgré la volonté criminelle dont a fait preuve l'agent, on ne peut prononcer une peine qui manquerait de base, puisque le désordre social a nécessairement fait défaut.

Si au contraire on se rallie aux idées qui, depuis une quinzaine d'années, se sont fait jour, sous le patronage de Lombroso et de l'école positiviste, on devra considérer pour l'application de la peine bien plus le criminel lui-même, dans son état psychologique, que le fait matériel illicite accompli par lui. Le danger provient bien moins, d'après cette théorie, du crime même que de la présence de l'agent et de son degré de nocuité. Aussi n'hésite-t-on pas à frapper tout homme qui a révélé, par un acte concret et prohibé par la loi, des instincts pervers, une volonté n révolte contre la législation établie. C'est ainsi qu'e n

Allemagne, depuis un arrêt de la Cour suprême de 1880, en Italie depuis la promulgation du nouveau Code pénal, l'auteur d'une tentative criminelle, même absolument irréalisable en soi, est frappé de la même peine que s'il avait consommé le crime prémédité. La peine devient donc, dans cette manière de voir, non plus la sanction du mal, mais une mesure sociale destinée à provoquer l'amendement du coupable ou à le rendre inoffensif si cet amendement est considéré comme impossible. En un mot, au lieu de l'acte c'est l'individu qui doit être pris en considération ; au point de vue objectif de la théorie classique succède un élément tout subjectif d'appréciation.

Or, c'est précisément l'élément subjectif sur lequel la loi de 1885 a tablé pour prononcer la relégation. Cela apparaît d'une façon d'autant plus nette que l'accusé ou le prévenu qui va encourir la relégation est frappé de deux condamnations : l'une qu'il exécutera en France, et qui est précisément la sanction du mal commis, et l'autre, la relégation, qui ne peut trouver sa raison d'être que dans l'état psychologique de l'individu. Le législateur lui fait tout d'abord ainsi payer sa dette envers la société pour son méfait (théorie classique); puis, considérant que, étant donnés les antécédents et la nature de ce délinquant, sa présence dans la société sera toujours une cause de danger sinon effectif, tout au moins possible, le législateur, indépendamment de toute nouvelle infraction, par le fait même de sa nature pervertie, le condamne à la relégation (théorie subjective des positivistes).

La loi de 1885 consacre donc l'élimination de ceux qui n'ont pu s'adapter aux lois de la société française. Or, c'est sous cette forme même qu'une partie de l'école positiviste a présenté sa thèse. « La loi d'adaption est, disait M. Ferri, une loi naturelle universelle. » Par ces mots le célèbre jurisconsulte italien entendait que tout ce qui en ce monde existe ne vit qu'en s'adaptant à ce qui l'entoure. Dans la sphère naturelle, une plante, un animal, un homme, transportés sous un climat qui n'est pas le leur, doivent se plier aux conditions de ce climat ou meurent nécessairement. La loi d'adaption est sanctionnée par une sélection naturelle. Dans le monde moral il en est de même : tout individu qui vit en société doit se soumettre aux lois de l'association ou bien celle-ci aura le droit de le considérer comme dangereux et d'en prononcer l'élimination. La loi de 1885 ne fait pas autre chose et procède par là de la théorie positiviste à laquelle elle tient du reste par une autre de ses dispositions.

On sait en effet que, pour la nouvelle école, l'homme est, par suite de sa nature même, pendant toute la durée de son existence, incité dans la même direction soit vers le bien soit vers le mal, sans qu'il ait pour ainsi dire l'énergie suffisante de combattre son penchant bon ou mauvais. Par suite on déclare que l'homme né honnête ne devrait jamais, alors même qu'il se serait rendu occasionnellement coupable d'une infraction, entrer en prison ; tandis que le criminel-né ne devrait jamais au contraire sortir de la prison dans laquelle il est enfermé à sa première faute. Or, la loi de 1885 met en œuvre une de ces dispositions en déclarant qu'en principe la relégation sera perpétuelle.

Ce rapprochement entre la loi du 27 mai et la théorie anthropologique devient d'autant plus curieux qu'une autre loi plus récente encore est venue décider que certains condamnés primaires pourraient être dispensés de l'exécution de leur peine (loi du 26 mars 1891). N'est-ce pas la mise en œuvre complète des conséquences déduites par la théorie positiviste ?

La première notion à dégager de ces préliminaires est donc que la loi du 27 mai 1885 appartient par son principe à ce mouvement législatif qui semble s'emparer de plus en plus des législations modernes et dont la théorie de Lombroso peut être considérée comme le point de départ.

Toutes les législations cherchent en effet à individualiser autant que possible la peine, c'est-à-dire à la proportionner à la nature du coupable plutôt qu'à l'infraction même. Pour aboutir à ce résultat, les États-Unis ont admis les « sentences indéterminées » qui laissent à l'autorité administrative le soin de relâcher le coupable dès que son amendement pourra paraître sincère ; les Pays-Bas et la Norvège ont supprimé le minimum des peines, laissant ainsi au juge la plus grande latitude dans l'application de la répression. En France, on a demandé au législateur d'instituer des « circonstances très atténuantes » permettant d'atteindre le même résultat ; on a proposé l'institution des « peines parallèles déshonorantes et non déshonorantes » ; enfin a été édictée dans le même sens la loi de 1891, qui donne aux magistrats pleins pouvoirs relativement à la déchéance que doit ou non faire encourir, suivant sa nature, à un coupable sa première faute. La loi de 1885 obéit, avons-nous dit, au même principe, bien qu'on en puisse douter au premier abord. Nous verrons en effet que le juge est obligé de prononcer la relégation lorsque certaines conditions se trouvent réunies. On pourrait se demander par suite où est l'individualisation de la peine. Nous la rencontrons dans ce fait que c'est le législateur lui-même qui individualise la peine et non le juge. L'individu est considéré par la loi comme incorrigible à la suite d'un nombre déterminé de condamnations; il y a là une présomption *juris et de jure*. A quoi bon permettre dès lors au magistrat qui ne connaît que de la dernière infraction de venir statuer dans tel ou tel sens, alors qu'il est certain que le coupable est en lui-même une cause de danger pour la société. Du reste, le législateur n'a pas considéré son individualisation comme définitive et irrémédiable puisqu'après six années de relégation l'autorité administrative, tenant compte de ce que la conduite du relégué aura donné un démenti éclatant à la présomption d'incorrigibilité, pourra, toujours en vertu du principe d'individualisation, lever la condamnation à la relégation et rendre la liberté au récidiviste.

Dans son ensemble, la loi de 1885 dénote donc une œuvre inspirée des idées modernes de l'école anthropologique, pouvant presque, à ce titre, faire présager dans quel sens interviendront les réformes du projet de Code pénal français actuellement à l'étude.

Il importe toutefois d'observer que les travaux préparatoires ne mentionnent de la part des législateurs de 1885 aucune allusion aux théories positivistes. Et cependant l'influence de ces dernières n'est pas contestable; car notre loi considère en principe que le danger social réside plus dans le criminel que dans le crime : aussi la peine de la relégation devient-elle une mesure sociale frappant non point tels ou tels faits mais des natures présumées dangereuses pour la sécurité publique. Ces natures existaient, dira-t-on, bien avant que la loi de 1885 en ait constaté l'existence et la nocuité, quelles précautions les pouvoirs publics avaient-ils donc, jusqu'à cette époque, prises contre elles? Cela nous amène à rechercher les antécédents de notre loi.

§ II

Antécédents de la loi du 27 mai 1885.

Depuis longtemps sans doute on s'est préoccupé de l'intérêt qu'il y avait pour l'ordre social à mettre dans l'impossibilité de nuire tous les individus qui se font du crime une sorte de profession. L'idée d'éloigner de la métropole non seulement les plus pervers et les plus dangereux, mais aussi ceux qui semblent décidés à vivre perpétuellement en révolte contre les principes de travail et d'honnêteté, n'est pas une idée nouvelle. La transportation, dont la relégation n'est, suivant l'expression d'un criminaliste distingué (1), que le pseudonyme, a existé dès la plus haute antiquité. La « φυγή » et l' « οστρακισμος » des Grecs, l' « interdictio aquæ et ignis » et la « deportatio » des Romains en sont des variétés.

Tous les pays ont à un moment de leur histoire pratiqué ce mode de châtiment. Après la découverte de l'Amérique par Christophe Colomb, l'Espagne transporte ses condamnés à l'île d'Hispaniola; plus tard, le Portugal déverse le trop plein de ses prisons dans les îles du Cap Vert et du Mozambique. Enfin les convicts Hollandais, Danois, Russes, Anglais, sont déportés à Batavia, dans le Groënland, en Sibérie et dans les colonies anglaises de l'Australie. — La France ne pouvait échapper au mouvement général; mais les premiers essais furent partiels. C'est ainsi qu'au XVIe siècle le seigneur de Roberval, gentilhomme normand, fut autorisé par François Ier à enrôler pour en faire des colons tous les détenus de sa province. Quel-

(1) M. Léveillé.

ques années plus tard, le marquis de la Roche, gouverneur général du Canada, déposait à l'île des Sables, sur les côtes d'Acadie, cinquante condamnés extraits des prisons de France. Mais en 1719 seulement, par une déclaration royale des 8 janvier et 12 mars, intervint une disposition générale applicable à tout le royaume, condamnant à la transportation aux colonies, pour y servir et y travailler à la culture des terres, tous les vagabonds qui, ne s'étant pas soumis aux ordonnances de bannissement, avaient encouru la peine des galères. Cette mesure fut rapportée en 1721 ; et ce n'est que dans le code des Délits et des Peines de 1791 (25 septembre) que la transportation à perpétuité fut édictée contre les récidivistes, en leur qualité même de récidivistes. La même idée fut reprise dans la loi du 24 vendémiaire an II, qui prononçait cette peine contre les mendiants et les vagabonds après la deuxième récidive.

Rompant avec ces précédents, le Code pénal de 1810 fit de la déportation une peine uniquement politique.

Cependant, il est à noter que le législateur avait organisé la relégation pour une catégorie toute spéciale de récidivistes dans les articles 553 et suivants du Code d'Instruction criminelle. Lorsqu'un crime était commis par un condamné, le crime n'était pas jugé par un jury, mais par une cour spéciale composée de militaires et de magistrats. Or, ces cours, qui en 1815 prirent le nom de Cours prévôtales, pouvaient prononcer la relégation. Cette pénalité disparut par suite de l'abolition même de ces cours spéciales en 1830 (art. 54 de la Charte).

En 1854, devant l'impuissance des cours d'assises à réprimer le mouvement toujours croissant des grands criminels récidivistes, on crut devoir établir des peines tout à la fois plus sévères et garantissant mieux la sécurité publique. Aussi le régime de la transportation fut-il à nouveau rétabli. Cette loi du 30 mai 1854 n'atteignait, notons-le, que les grands criminels, et encore beaucoup, par suite de l'effet des circonstances atténuantes organisées par la loi de 1832, y échappaient-ils. Demeuraient donc toujours en France, après l'expiration de leurs peines, tous les auteurs de délits et la majeure partie des criminels. Or, si l'on rapproche de cette idée cette autre notion que les causes les plus certaines de la récidive sont les vices de notre système pénitentiaire et la difficulté du reclassement des libérés, nous aboutissons à cette conclusion logique, mais effrayante, que chaque année le nombre des récidivistes, l'armée du crime, comme on l'appelle habituellement, va s'accroître du plus grand nombre des condamnés primaires. Cette proportion devait nécessairement atteindre avec les années un chiffre fort élevé, aussi ne sommes-nous que relativement surpris lorsque les statistiques nous révèlent qu'à la veille de la promulgation de la loi de 1885, c'est-à-dire en 1883, le nombre des récidivistes atteignait 70.000. Dans les départements les plus populeux (Seine, Nord, Gironde), presque la moitié des condamnés de cette année 1883 appartenait à cette catégorie fort redoutable d'individus sans foi ni loi. Le péril était évident.

On dit parfois que le législateur pénal est myope : car il ne prend de décision que quand le danger ne peut pas ne pas être aperçu. En 1883, si le Parlement ne s'était pas ému, la myopie législative eût pu être facilement taxée de cécité : car de toutes parts le danger fut signalé. Magistrats, criminalistes, publicistes, faisaient appel à l'énergie du législateur. « Chercher à la perversité du récidiviste des circonstances atténuantes, c'est faire preuve d'une naïveté coupable, » disait M. Reinach (1). Au congrès de Stockholm, les jurisconsultes appelaient toutes les rigueurs des législations sur les récidivistes qu'ils considéraient « comme des ennemis contre lesquels la société est en droit de se montrer implacable (2) ».

Une sorte de consultation nationale sur les moyens à prendre pour enrayer la récidive fut ordonnée. Cours d'appel et Conseils généraux furent appelés à émettre leurs avis. Tandis que les magistrats se montrèrent unanimes à réclamer la transportation des récidivistes les plus dangereux, les conseils départementaux furent d'avis différents. Les uns, parmi lesquels nous rencontrons celui de la Vienne, tout en admettant le principe d'une augmentation de sévérité dans la loi, semblaient indécis sur la mise à exécution. D'aucuns repoussaient franchement l'idée de transportation. « La clémence, disait, par exemple, le conseil général de la Vendée, est parfois plus forte que la sévérité de la loi. » Cependant la majorité considérait la transportation des récidivistes comme une institution salutaire.

La presse favorisait ce mouvement d'opinion. « Nous avons, disait-on, dans l'Afrique équatoriale des colonies spacieuses où les bras manquent et où l'on ne craint pas d'envoyer officiers et soldats sans se préoccuper de savoir si le climat est malsain pour eux. Qu'on y transporte donc ces milliers de bandits qui sont pour Paris une menace éternelle (3). »

(1) Bulletin de la Société générale des prisons. Mai 1881.
(2) Rapport de M. Wahlberg.
(3) *Le Soleil* du 30 janvier 1885.

A ces considérations générales en faveur de la transportation (nous parlons de transportation, car avant le vote de la loi on assimilait la relégation à la transportation, dont elle n'est pour ainsi dire qu'une variété), on joignait cet argument d'une puissance presque mathématique, d'après lequel la récidive criminelle avait très notablement diminué depuis la loi de 1854. La crainte d'une expatriation très longue et même perpétuelle pour la plupart avait suscité, semblait-il, des craintes salutaires. Le chiffre des récidivistes criminels était en effet descendu de 2314 qu'il était en 1856 à 1656 en 1880. Or, les circonstances étant identiques à l'égard des petits criminels et des récidivistes correctionnels, le même palliatif devait encore donner de bons résultats. Aussi l'opinion publique imposait-elle au législateur non seulement le vote d'une loi, mais même le sens dans lequel devait être conçue la réforme.

Cette idée ressort très nettement du rapport de M. Gerville-Réache. Aux yeux des auteurs de la loi, l'important était que la loi fût adoptée de suite, donnant ainsi avant la période électorale la satisfaction que les collèges électoraux semblaient exiger de leurs représentants. De là une hâte, une précipitation dont nous retrouverons plus d'une fois les conséquences au cours de notre étude. Certaines lacunes semblent même fantastiques : ainsi on ne détermina ni à l'aide de quelles ressources budgétaires il serait pourvu aux frais d'application de la loi, ni dans quelles colonies seraient envoyés les relégués. Cette dernière omission provoqua même la phrase suivante : « vous voulez faire une loi de balayage et vous ne savez pas ce que vous ferez des balayures. »

Malgré certaines résistances et les longues discussions

auxquelles elle donna lieu, la loi fut néanmoins votée par le Parlement et promulguée à la date du 27 mai 1885.

§ III

But de la loi de 1885.

Des antécédents que nous venons d'examiner résulte très nettement le but poursuivi par les législateurs de 1885. On voulait mettre hors d'état de nuire ceux qui présentaient un danger social certain ; or ce résultat ne pouvait être atteint qu'en les éliminant de la société.

Quant au fondement philosophique du droit d'élimination des êtres dangereux, il ne saurait présenter le moindre doute. Ce droit a la même base que le droit de punir lui-même, soit qu'on envisage ce dernier, ainsi que le soutient Rousseau, comme la « clause pénale » du contrat social; soit qu'on le considère, ainsi que nos anciens canonistes, comme un pouvoir spécial concédé par Dieu aux pouvoirs temporels; soit qu'on admette, avec M. Franck, qu'il repose sur une idée de protection et de conservation sociale. Mais cette élimination, la société n'a, au point de vue moral, le droit de la prononcer qu'après avoir fait tous ses efforts pour amender le coupable. C'est précisément cette idée que nous voyons consacrée dans la loi de 1885, puisque ce n'est qu'après un nombre sérieux de condamnations que la relégation est prononcée.

Il importe de remarquer la scission, sur ce point, de notre loi et de la théorie positiviste. D'après cette dernière, en effet, la peine d'élimination doit toujours être la seule prononcée : car toute autre peine est inefficace au point de vue psychologique, puisque, ne faisant point obstacle aux facteurs occasionnels du délit, le criminel né est exposé par sa nature même à retomber dans le mal à la première occasion. De plus, ajoute-t-on, le prestige éventuel de toute peine est victorieusement combattu par l'imprévoyance naturelle de l'homme ou par l'espoir fondé de l'impunité. — Le législateur de 1885 a, au contraire, pensé avec raison tout d'abord que, l'homme étant libre, il n'y avait pas de raison pour le soustraire dès la première faute aux occasions de rechute dont il était capable de triompher, et qu'une peine relativement légère était suffisante pour lui faire perdre pour une seconde entreprise quelque espoir d'impunité.

Enfin même quand notre loi admet la peine d'élimination, elle est mue par un motif différent de celui de l'école anthropologique. Aux yeux de Lombroso, Ferri et Garofalo, le mérite principal de l'élimination consiste à opérer une sélection sociale qui aura pour résultat de diminuer d'une façon très notable les criminels de l'avenir. Aussi, pour cette école, « le moyen le plus simple et le plus sûr d'élimination est-il la mort, » qui ne saurait avoir dans la transportation qu'un succédané nécessaire, étant données nos mœurs et notre civilisation actuelles. Ces jurisconsultes, fidèles à leur théorie, considèrent que les nombreuses exécutions des siècles précédents ont été une digue puissante à l'accroissement de la criminalité.

« L'effet propre et exclusif des moyens éliminateurs, lisons-nous dans les *Nuovi Orrizonti* de M. Ferri (1), est une amélioration de la race, en sorte que, grâce à eux, il naîtra un nombre de moins en moins considérable de personnes ayant un penchant à la délinquence, et cela en

(1) Luigi Lucchini, p. 296.

vertu du grand principe (de l'école positiviste) de l'hérédité psychologique. Produire au moyen de la mort du délinquant, ou de son isolement perpétuel, une sélection artificielle qui aurait pour effet d'améliorer la race : telle est la base fondamentale du programme criminologique... Le gibet auquel on attachait chaque année des milliers de malfaiteurs a empêché la criminalité d'être de nos jours plus diffusée dans notre population. Qui peut dire ce que serait aujourd'hui l'humanité si cette sélection ne s'était pas faite, si tous les délinquants avaient pu faire souche, si nous avions parmi nous les innombrables descendants des voleurs et des assassins des siècles passés ? Tout moment d'arrêt dans le progrès est une marche en arrière et les générations futures pourront reprocher amèrement à la nôtre d'avoir laissé pulluler les germes corrompus qu'il convenait d'extirper et qui auront produit une nouvelle et plus nombreuse génération de criminels. »

Cette longue citation montre très nettement le but que se proposent d'atteindre les positivistes en n'admettant que l'élimination comme peine, but entièrement différent de celui poursuivi par le législateur de 1885. Si le Parlement, à cette époque, s'est vaguement préoccupé, en instituant la relégation, peine d'élimination, d'améliorer l'espèce dans l'*avenir* (préoccupation dont on peut douter, rien dans les travaux préparatoires ne la révélant), il a surtout pensé qu'il devait avant tout assurer la conservation et le développement des êtres *présents*. D'où l'on peut conclure que la loi de 1885, loin d'être, ainsi que le comporterait la théorie positiviste que nos législateurs ont prise pour point de départ, une « mesure de sélection artificielle », est tout simplement une mesure de sécurité sociale contre une classe d'individus que leur incorrigibilité rend très dangereuse.

Nous plaçant encore à un point de vue purement philosophique, quelles sont ces personnes dont la présence dans la société est pour celle-ci une perpétuelle menace ?

Il ne semble pas tout d'abord que l'on doive avoir égard au sexe et à la nationalité du coupable. C'est du reste l'opinion consacrée par le législateur de 1885, qui n'a pas cru devoir distinguer. Un doute s'est néanmoins élevé relativement aux étrangers, à l'encontre desquels une mesure de sûreté spéciale peut être prise, nous voulons parler de l'arrêté d'expulsion qui les frappera une fois leur peine terminée. Une exception en leur faveur en matière de relégation serait cependant injustifiée : car ils peuvent aisément violer cet arrêté d'expulsion une fois la frontière franchie en retournant en France commettre de nouveaux méfaits. Il importe donc que chaque nation puisse autant que possible se mettre à l'abri de toute action criminelle et par suite appliquer le moyen extrême d'élimination à tous ceux dont on ne peut pas espérer un retour à des sentiments meilleurs.

Mais cette dernière idée nous amène d'elle-même à faire une restriction qui s'impose relativement à l'âge. Pourra-t-il être, en effet, considéré comme incorrigible celui qui, malgré ses méfaits, n'a point atteint encore la période de l'existence où l'homme prend pleinement possession de lui-même, où ses facultés mentales et sa volonté sont suffisamment développées pour lui permettre de se diriger lui-même, de se soustraire aux influences fâcheuses ? Notre législateur s'est montré tout à la fois sage et humain en prévoyant cette hypothèse de précocité criminelle et en ne lui appliquant pas, ainsi que nous le verrons, le régime de la relégation.

Si des raisons militent en faveur de la jeunesse, il semble bien difficile par contre de soustraire logiquement un homme si âgé qu'il soit au châtiment de la récidive. Le vieillard qui mérite la relégation n'a en effet aucune excuse à faire valoir; son incorrigibilité est notoire, le crime devient même plus odieux chez lui que chez tout autre. Nous verrons cependant que notre législation dispense de la relégation tout individu ayant plus de soixante ans après l'expiration de sa dernière peine. Si cette solution peut être critiquée au point de vue strictement logique, elle est cependant explicable au point de vue humanitaire : car les fatigues du voyage, le changement de climat pourraient souvent provoquer à cet âge des résultats fâcheux pour l'existence du coupable. Au reste, il faut bien avouer qu'un homme de soixante et quelques années ne présente plus un danger bien menaçant; la statistique prouve d'ailleurs que les criminels se recrutent rarement parmi les vieillards. De plus, à mesure que ses forces physiques diminuent, son audace décroît et l'expérience lui a maintes fois prouvé qu'il ne peut plus guère compter sur l'impunité. —Aussi, alors même que l'on exclut du champ d'application de la loi de 1885 les enfants au-dessous de vingt et un ans et les vieillards au-dessus de soixante, peut-on dire cependant que ce monument législatif a eu pour but principal d'éliminer de France tous ceux qui présentaient un réel danger pour le pays.

Au point de vue philosophique que faut-il entendre par cette idée? Tout d'abord il est certain que les grands criminels doivent, après un ou deux méfaits, être classés dans cette catégorie; il en est de même de tous les délinquants qui semblent vouloir se faire des infractions contre les personnes et les propriétés une sorte de profession, et qui paraissent n'attendre que l'occasion pour enfreindre la loi. Sans admettre les théories évidemment exagérées sur le criminel-né, il est cependant permis de penser qu'arrivé à un certain degré de perversité le coupable ne trouvera plus en lui-même la force de réagir. Son sens moral s'oblitère, ses facultés mentales ont des données fausses sur toutes choses, et c'est presque de bonne foi qu'il ne distingue qu'imparfaitement le bien du mal. Nous n'en voulons d'autres preuves que les études psychologiques très nombreuses parues sur l'âme criminelle et en particulier le livre que vient de publier un jeune nihiliste récemment grâcié. M. Melchine ne trouva au bagne, suivant son expression, « qu'un troupeau de déséquilibrés, prêts à répéter à la première occasion les actes criminels qui les ont fait condamner. Non seulement les forçats sont incapables de tout sentiment altruiste, mais la compassion pour les faibles et les invalides leur est un sentiment inconnu. J'en ai vu, dit-il encore, pendant les haltes, qui foulaient aux pieds et renversaient les malades, et, quand ceux-ci se plaignaient, les rouaient de coups et les invectivaient. Ils laissent mourir de faim les malades des hôpitaux où ils sont infirmiers, et souvent les empoisonnent à l'aide des médicaments dont ils disposent : car tout le service du bagne est fait par des détenus ». Après nous avoir montré que le repentir est un sentiment totalement inconnu chez les forçats, que l'assassinat n'est, suivant la définition de l'un d'eux, « qu'un beau geste », M. Melchine nous cite des exemples de crimes inouïs, au récit desquels se délectaient ses compagnons.

Ces mémoires prouvent d'une façon très nette à quel

point l'habitude du crime peut étouffer tout bon sentiment dans un être, à quel degré de perversité elle le conduit.

Aussi le législateur ne doit-il pas hésiter à déclarer dangereux pour la sécurité publique tout délinquant de profession. L'amendement du coupable devient à un certain moment non plus impossible, mais improbable. Or toute peine, en dehors de sa fonction obligatoire d'être une satisfaction donnée à la conscience publique, doit avoir pour but de tendre soit à l'amendement, soit à l'élimination du coupable. Dès l'instant où le premier des résultats ne peut être atteint, et c'est l'hypothèse quasi certaine pour les malfaiteurs de profession, le devoir du législateur est de faire produire à la peine sa seconde fonction. Au reste ces délinquants ne sont pas dangereux, au point de vue social, seulement pour le ou les crimes qu'ils pourront commettre, mais aussi par l'exemple et les conseils funestes qu'ils prodiguent un peu partout, cherchant à recruter des adeptes et des complices dans les prisons communes, dans les lieux de débauche et jusqu'à la porte des ateliers. L'État même est intéressé à leur disparition; car c'est parmi eux que le plus souvent se recrutent les faiseurs d'émeutes et les révolutionnaires.

Mais la relégation doit-elle frapper seulement les récidivistes de délits naturels, si l'on peut parler ainsi, ou doit-elle encore atteindre ces récidivistes n'ayant à leur charge que des délits qualifiés de conventionnels, parce qu'ils ne constituent pas une attaque directe contre les personnes, les propriétés ou même l'ordre public, tels que le vagabondage et la mendicité?

Incapables de se conduire eux-mêmes dans la vie, ne sachant prévoir le lendemain, ne comprenant point la vie de famille, ne trouvant de plaisir que dans une vie errante ou aventureuse, ces hommes, alors même qu'ils n'ont jamais été condamnés pour meurtre ou pour vol, ainsi que beaucoup ont la fierté relativement justifiée de le rappeler au tribunal correctionnel devant lequel ils sont traduits pour vagabondage, ces hommes constituent néanmoins un danger social certain. Ils rappellent en effet ces grandes compagnies du moyen âge composées de soldats sans emploi qui « tenaient les champs, vivaient sur le peuple » et étaient un tel fléau qu'on leur livrait bataille ainsi qu'à des ennemis, quand un grand capitaine comme Duguesclin n'avait pas l'idée de les employer dans une expédition à l'étranger.

Les voyez-vous en liberté pendant la belle saison (car ils s'arrangent le plus souvent de manière à passer l'hiver en prison), suivant les grandes routes au hasard, certains d'obtenir le soir, dans les fermes où on les redoute, quelque nourriture avec un coin dans la grange pour y passer la nuit. Pour les habitants des campagnes, ils constituent une charge pécuniaire très onéreuse. Sachant se faire craindre en prononçant des menaces que trop fréquemment ils mettent par vengeance à exécution, constituant un véritable danger social, on ne voit pas pourquoi le législateur ne les aurait pas compris parmi les relégables.

Cependant on doit reconnaître qu'à leur égard il faudra se montrer beaucoup plus rigoureux quant au nombre des preuves de leur incorrigibilité, puisque le fait en lui-même pour lequel on les poursuit ne fait pas courir à la société un danger bien caractérisé, et que ce n'est que de la répétition fréquente de ce fait, de l'habitude invétérée et irrémédiable du vagabondage que provient le péril. Notre législateur n'a cependant pas cru, ainsi que nous le constaterons, devoir s'en tenir aux simples faits de vagabondage, et, à ses yeux, de tels faits n'acquièrent une gravité susceptible de faire prononcer la relégation qu'autant qu'ils sont pour ainsi dire corroborés ou soulignés par des infractions plus importantes.

Aussi la loi de 1885 admet-elle avec raison le principe de la récidive spéciale par catégories, c'est-à-dire celle qui est punissable alors même que les faits qui la constituent ne sont pas absolument de même nature. Le malfaiteur de profession, ce « parasite de la société », comme on l'a souvent nommé, en se plaçant en révolte complète contre la loi fondamentale du travail, commettra, il est vrai, des délits de préférence contre la propriété, mais il en commettra aussi, le cas échéant, contre les personnes, lorsqu'il croira, par exemple, de son intérêt de faire disparaître ceux qui peuvent s'opposer à l'exécution de ses projets. Aussi la société, voulant se défendre contre lui, devra-t-elle décider que la récidive s'appliquera à des faits dissemblables. C'est ce qu'en résumé fait notre loi en voulant atteindre le malfaiteur de profession, c'est-à-dire en punissant la récidive habituelle, alors que le Code pénal et la loi de 1891 n'envisagent que la récidive simple.

Il ne faudrait pas voir dans cette distinction une pure question de terminologie. Toutes les législations contiennent en effet des mesures spéciales contre la récidive habituelle, et si nous consultons les solutions données par la science pénitentiaire, nous voyons que cette façon de procéder est approuvée par les autorités les plus compétentes. C'est ainsi que l'Union internationale de droit pénal, au n° 9 de ses propositions fondamentales, déclare qu'en ce qui concerne les délinquants habituels, indépendamment de la gravité des faits, le système pénal doit tendre à les mettre le plus longtemps possible hors d'état de nuire. Au congrès pénitentiaire de 1895, le même principe a été voté.

Les discussions ne portent guère en cette matière que sur deux points : la définition du malfaiteur de profession, et le mode de sanction.

Sur le premier point, le législateur de 1885 a édicté des règles précises en indiquant le nombre de condamnations nécessaires pour qu'un récidiviste soit déclaré malfaiteur de profession. Une fois ce minimum atteint, ne faudrait-il pas laisser au juge le soin de déclarer, à son gré et suivant sa conviction, si le coupable doit dorénavant être considéré comme tel? C'est le sentiment des congressistes de 1895 et de la majorité des auteurs. Nous avons déjà eu l'occasion de signaler les raisons qui nous semblaient militer en faveur de l'opinion opposée, et comme d'autre part il nous y faudra revenir dans l'étude détaillée de l'art. 4 de notre loi, nous n'y insistons pas davantage.

Quant au mode de sanction appliquée à la récidive habituelle, il diffère peu suivant les législations. Toutes, sauf une seule, admettent que l'élimination, au sens large du mot, est nécessaire. Nous entendons ici par élimination toute mesure de sûreté qui, pendant un laps de temps sinon perpétuel, tout au moins fort long, met la société à l'abri de tout danger de la part du délinquant.

Il n'est pas nécessaire que cette élimination provienne d'un transfert aux colonies ; il y a encore élimination lorsque, comme en Suisse, l'autorité prononce un internement à l'intérieur pendant vingt années. Un seul pays, avons-nous dit, n'a pas recours à l'élimination contre la récidive habituelle, et cependant cette nation a moins à souffrir que les autres, que la France notamment, de la récidive; nous avons désigné l'Angleterre. Si, de l'autre côté du détroit, la sanction de la récidive simple, c'est-à-dire l'aggravation de la peine, est seule pratiquée, il ne faut pas se faire illusion, car cette aggravation a en matière de récidive une portée bien plus grande que chez nous. La récidive comporte en effet en Angleterre une aggravation progressive de la pénalité, c'est-à-dire que chaque nouvelle infraction fera encourir à son auteur une peine plus forte que la précédente, sans qu'aucune limite soit apportée à cette progression. C'est ainsi, par exemple, qu'un voleur, à supposer la même échelle de peines qu'en France, après avoir été condamné deux fois à l'emprisonnement, pourra s'entendre infliger à la deuxième récidive la réclusion et à la cinquième ou sixième les travaux forcés. La peine aura ainsi changé de nature, et de correctionnelle sera devenue criminelle. On comprend qu'avec ce système de répression l'élimination devienne un procédé superflu; car à un certain moment on ne peut plus différencier la peine, très longue, de la mesure de sûreté. C'est ainsi, par exemple, que huit ans de travaux forcés constituent non seulement une peine pour le coupable, mais aussi une mesure de sûreté à l'endroit de la société.

Cette exception de l'Angleterre expliquée, on peut dire que tous les pays pratiquent à l'encontre des malfaiteurs de profession le système de l'élimination.

Mais par quels moyens pratiques va-t-on procéder à l'élimination? Ici nous nous trouvons en présence des deux grands systèmes pénitentiaires: système de l'emprisonnement et système de la transportation. Le second, qui a été adopté par notre loi, semble de beaucoup le plus logique. Le malfaiteur de profession a en effet montré d'une façon certaine que jusqu'ici l'emprisonnement ou ne l'avait pas amendé, ou ne l'avait qu'insuffisamment ramené à des sentiments meilleurs, puisqu'une fois libre il n'avait pas su résister aux entraînements de l'extérieur. On doit donc logiquement chercher un moyen de soustraire le coupable aux circonstances extérieures qui, si souvent déjà, ont provoqué ses infractions : ce moyen, la transportation nous l'offre.

C'est dans un changement de milieu que réside le dernier espoir d'amendement du coupable. Le nombre des condamnations encourues par un relégué fait présumer qu'en France il est incorrigible ; pourquoi ne tenterait-on pas un amendement dans une contrée où son reclassement social serait plus facile ? Notons que c'est précisément là le système de la loi, puisqu'en principe, comme nous le verrons, c'est libre que le relégué devrait vivre dans son lieu de transportation. C'est donc avec raison, selon nous, que notre législation a opté pour le système de la transportation. Placé dans un monde nouveau où personne n'a le droit de le rebuter ou de le flétrir, dérobé à son passé, pourquoi cet homme, las de son existence misérable et vagabonde, ne saisirait-il pas l'occasion de commencer pour ainsi dire une autre vie? En théorie et en logique la transportation semble donc le meilleur mode de sanction de la récidive habituelle : car tout en garantissant la société de toute action criminelle de la part du récidiviste, elle fournit à celui-ci le dernier moyen de reclassement qui lui reste.

Telle est, d'une manière très générale et envisagée surtout au point de vue philosophique, l'œuvre du législateur de 1885. Il importe en effet d'observer que les conséquences de la transportation, telles que la désignation des colonies où seraient conduits les relégués, les régimes auxquels ils seraient soumis, etc..., ont été pour la plupart réglés par des décrets postérieurs.

Ce que nous avons voulu bien montrer dans cette introduction peut se résumer de la manière suivante :

1° En recherchant à quelle théorie législative appartenait la loi de 1885, nous avons tenu à déterminer qu'on avait, en adoptant la méthode subjective de l'école italienne, pris en considération bien plus l'état psychologique du coupable que ses actes matériels ;

2° En étudiant les antécédents de la loi, nous avons pu nous convaincre qu'elle a été inspirée par la crainte que causait au pays la présence sur le territoire français d'un nombre considérable de récidivistes, particulièrement dangereux et constituant pour les citoyens honnêtes un péril de tous les instants ;

3° Enfin les considérations sur le but de la loi ont montré, non seulement que le système d'élimination par transportation avait été adopté par le législateur, mais encore que ce système semblait le plus logique, étant données les catégories de délinquants auxquels le législateur comptait l'appliquer. Ces délinquants nous les avons compris sous la dénomination générale de malfaiteurs de profession.

De ces diverses notions se dégage d'une façon très nette ce principe que la loi de 1885 est surtout *une loi de sécurité publique destinée à éliminer tout être constituant en lui-même, quoique sous certaines conditions, un danger pour la société.*

C'est ce principe pour ainsi dire directeur qui doit dominer tout ce travail, et dont nous devrons nous inspirer et faire application toutes les fois que les termes de la loi le permettront, en ne tranchant pas d'une manière très nette certaines questions.

De cette introduction, ressort encore cette autre notion que, dans la loi sur la relégation, les deux questions qui se posent d'une façon principale et autour desquelles toutes les autres peuvent se grouper sont celles relatives aux personnes qui doivent être reléguées et aux conséquences de cette relégation à l'égard tant des relégués que de la société qui l'a prononcée. Aussi diviserons-nous notre sujet en deux parties :

PREMIÈRE PARTIE : *Conditions de la relégation.*

DEUXIÈME PARTIE : *Effets de la relégation.*

PREMIÈRE PARTIE

CONDITIONS DE LA RELÉGATION

Elles sont fort nombreuses et complexes. On peut cependant les grouper sous deux chefs. La loi ne frappe que les récidivistes : d'où tout un ordre de questions — quels sont les récidivistes que doit atteindre la relégation. — De la récidive de relégation. C'est l'objet de notre premier chapitre.

La relégation est une peine complémentaire qui doit être prononcée par un jugement. A quelles conditions le juge pourra-t-il prononcer la relégation? Si ces conditions sont réunies, le juge devra obligatoirement reléguer le récidiviste; mais il devra observer certaines formes, faire la preuve complexe de la récidive. Toutes ces questions se groupent naturellement dans notre chapitre II : Du jugement de relégation.

CHAPITRE PREMIER

DE LA RÉCIDIVE DE RELÉGATION

La loi du 27 mai 1885, nous l'avons dit, s'est avant tout proposé de défendre la société contre les criminels incorrigibles, inaccessibles à toute tentative de moralisation et de reclassement. Elle s'est proposé d'éliminer cette catégorie de criminels, qu'on a justement appelés les professionnels du crime, dont le nombre toujours grandissant devenait un péril social. Mais pour arriver à ses fins, il a fallu au législateur déterminer les éléments constitutifs d'une récidive spéciale, la récidive de relégation, qui, dans ses grandes lignes tout au moins, diffère profondément de la récidive du Code pénal (art. 56 et s.). On peut dire qu'en général la loi ne vise que la récidive habituelle, par opposition à la récidive simple, qui est celle du Code pénal, et ne comprend jamais que deux termes, deux infractions successives. En outre, sauf une exception, ce n'est pas la récidive générale qu'elle punit, comme le Code pénal, mais une récidive spéciale par catégories; c'est-à-dire que la réitération de certains délits, limitativement déterminés, entraîne seule la relégation.

L'étude de la récidive de relégation forme naturellement le premier chapitre d'un travail sur la loi de 1885. C'est une étude fort délicate, fort complexe. Toutes les infractions, ou toutes les condamnations, si l'on préfère, car le législateur apprécie la gravité de l'infraction d'après l'importance de la peine prononcée, toutes les condamnations ne comptent pas pour la relégation. La récidive est en ce sens une récidive spéciale (1). Il faut donc déterminer quelles condamnations peuvent former les termes successifs de la récidive. Ce sera l'objet de notre 1re section.

Ces condamnations ne doivent-elles pas être encourues dans un certain ordre? Pour qu'il y ait récidive, le Code pénal exige que les infractions successives soient séparées

(1) Au sens strict, la récidive spéciale implique la réitération d'une même infraction, le vol, par exemple.

par des condamnations définitives. N'en doit-il pas être de même ici? Pour qu'une condamnation puisse compter pour la relégation, ne faut-il pas qu'elle soit prononcée pour une infraction commise après que la précédente condamnation est devenue définitive? On controverse ce point. En tout cas la loi décide expressément que seront seules comptées les condamnations encourues dans un délai de dix ans non compris la durée des peines subies par le récidiviste. La détermination de l'ordre et du délai dans lesquels doivent se succéder les condamnations fera l'objet de notre section II.

Les éléments de la récidive ainsi déterminés, il ne nous restera plus qu'à les grouper par catégories. Ce sera l'objet de notre section III. Nous y étudierons les diverses catégories qui ont été organisées par la loi, le nombre et la nature des condamnations dont chacune d'elles se compose.

Ce chapitre 1er comprendra donc trois sections :

Sect. Ire. — *Éléments de la récidive de relégation.*
Sect. IIe. — *Nature de cette récidive.*
Sect. IIIe. — *Des catégories visées par la loi.*

SECTION PREMIÈRE

ÉLÉMENTS DE LA RÉCIDIVE DE RELÉGATION

Quelles condamnations vont compter pour la relégation? Celles-là seules qui prouveront chez le condamné une réelle perversité morale, dont la somme établira qu'on est en présence d'un professionnel du crime, d'un être dangereux au point de vue social et contre lequel la société ne peut se défendre qu'en l'éliminant. Ces idées conduisent : 1° à ne pas tenir compte des condamnations politiques; 2° à établir des distinctions entre les condamnations pour infractions de droit commun. Pour les crimes la récidive sera générale; elle ne le sera pas pour les délits.

§ Ier

Exclusion des condamnations politiques.

Si dangereux que puissent être les crimes politiques pour la sûreté de l'État, nous n'envisageons pas cependant les condamnés politiques comme des êtres d'une moralité moindre dont il faut se débarrasser à tout prix. Les peines politiques ne sont pas envisagées comme déshonorantes. Depuis 1832, notre loi pénale a appliqué aux infractions politiques le système des peines parallèles, la distinction des peines déshonorantes et non déshonorantes, distinction que de savants criminalistes voudraient généraliser et étendre à toutes les infractions. On s'explique donc la disposition de l'art. 3 de la loi « les condamnations pour crimes ou délits politiques, ou pour crimes ou délits qui leur sont connexes ne seront en aucun cas comptées pour la relégation ». La justice n'est du reste pas désarmée en présence de récidivistes en matière politique; car ils peuvent être condamnés à la déportation simple ou à la déportation dans une enceinte fortifiée, peines perpétuelles et essentiellement éliminatoires (1).

(1) Comp. art. 56 du C. pén. et loi du 8 juin 1850.
V. Normand, *Traité élémentaire de Droit criminel*, n° 464-4°.

L'art. 3 ne figurait pas dans le projet primitif. Il fut introduit sur les observations de certains députés qui craignaient que la loi ne devînt une arme contre les adversaires politiques autant que contre les malfaiteurs. C'étaient, à vrai dire, des craintes chimériques ; on ne voit pas bien comment la loi eût pu se transformer en un instrument de tyrannie politique.

Quoi qu'il en soit, la disposition précise de l'art. 3 n'a pas coupé court à toutes les difficultés. Il reste à savoir quels sont les crimes et délits politiques, et ce qu'il faut entendre par crimes et délits connexes aux infractions politiques.

Quant aux délits politiques *stricto sensu*, la question n'a pas d'intérêt, la loi déterminant limitativement les différents délits qui peuvent former les termes successifs de la récidive. En matière de crimes, nous n'avons pas d'énumération légale. La récidive, nous le verrons, est générale. Il importe donc de différencier les crimes politiques des crimes de droit commun. A cet égard, il est fort délicat de poser un critérium ; on peut dire cependant que le crime politique est celui qui s'attaque à l'organisation politique ou sociale de l'État et dont la répression intéresse cette même organisation. « L'infraction politique, dit M. Garraud (2), est celle qui a pour but exclusif et unique de détruire, modifier ou troubler l'ordre public dans un ou plusieurs de ses éléments. Cet ordre comprend: à l'extérieur l'indépendance de la nation, l'intégrité de son territoire et les rapports de l'État avec les autres États; à l'intérieur la forme du gouvernement, l'organisation des pouvoirs publics, leurs rapports mutuels; enfin

(1) Garraud, *Traité de Droit pénal*, t. I, n° 96.

les droits politiques des citoyens. » On s'accorde généralement sur ces prémisses (1).

Les difficultés commencent à l'application. Nous avons une énumération légale des infractions politiques. Elle est due à la loi du 8 octobre 1830 (art. 7), qui avait attribué compétence au jury en matière de délits de presse et d'infractions politiques. Art. 7 : « Sont réputés politiques les délits prévus : 1° par les chapitres I et II du titre I du livre III du Code pénal (il s'agit de délits contre la sûreté intérieure ou extérieure de l'État et contre la Charte constitutionnelle); 2° par les paragraphes 2 et 4 de la section III et par la section VII du chapitre III des mêmes titre et livre; 3° par l'art. 9 de la loi du 25 mars 1822 .»

Cette loi a été abrogée par le décret du 25 février 1852 (art. 4). Nous croyons donc que l'énumération de l'art. 7 ne conserve qu'une valeur doctrinale, assez faible du reste. Elle laisse en effet de côté des faits qui peuvent être politiques, comme l'immixtion sans titre dans les fonctions publiques. De plus elle englobe des délits qui n'ont aucun caractère politique par eux-mêmes, comme l'association de plus de vingt personnes sans autorisation du gouvernement (art. 291 C. pén.).

Notre opinion se fonde sur l'idée que l'art. 7 n'a pu avoir pour objet d'énumérer limitativement les infractions politiques. Dès lors, la disposition de ce texte n'a pas de valeur propre; elle n'a pu survivre à l'abrogation de la loi, bien que l'art. 4 du décret du 25 février 1852 n'abroge expressément que les règles de compétence édictées en 1830 (1).

(1) A. Weiss, *Etude sur les conditions de l'extradition*, p. 159.
Normand, *op. c.*, n° 165.

(2) Garraud, *l. c.*, t. I, n° 96, note 4.
Normand, *l. c.*, p. 134.
Blanche, *Etudes pratiques sur le C. pénal*, t. I, n° 89.

Quelques auteurs admettent cependant que l'énumération de l'art. 7 était limitative et que par suite elle est restée en vigueur (1). Ils invoquent les travaux préparatoires de la loi du 8 octobre 1830. « Dans une loi qui modifie les juridictions, disait M. de Martignac, le rapporteur, la première condition est la clarté et la précision ; il faut nécessairement que la limite soit tracée de manière que l'accusé sache quel est le juge que la loi lui a donné et que rien sur cette grave matière ne soit livré à l'arbitraire. Sans doute, cette limite est difficile à tracer, mais il vaut mieux qu'elle le soit imparfaitement par la loi que si c'était arbitrairement par le juge. »

La jurisprudence, à diverses reprises, a considéré l'énumération de l'art. 7 comme limitative (2). Le conseil de révision de la Seine a jugé notamment que les crimes politiques auxquels s'applique l'art. 5 de la constitution de 1848 portant abolition de la peine de mort en matière politique sont ceux-là seuls qu'énumère la loi du 8 octobre 1830 (10 août 1871. Sirey. 1872. II. 113).

Depuis la loi de 1830 des lois spéciales sont venues attribuer formellement à certaines infractions le caractère politique (3).

A côté des infractions politiques, l'art. 3 de la loi du 27 mai 1885 parle de crimes et délits connexes aux infractions politiques. Quels sont ces crimes et délits? Il se peut qu'une

(1) Chauveau et Faustin-Hélie, *Théor. du C. pén.*, t. II, n° 405.

(2) Crim. Cass., 6 janvier 1831. Ch. correct. Grenoble, 22 juillet 1831.

(3) Loi du 7 juin 1848 (délits d'attroupements). — Décret du 2 février 1852, art. 35, 36, 41 à 43 (faits relatifs à des violences ou fraudes dans les élections). — Décret du 25 février 1852 (délit de société secrète). — Loi du 14 mars 1872. — Lois organiques du 2 août 1875 (élection des sénateurs) et du 30 novembre 1875 (élection des députés). — Loi sur la presse du 29 juillet 1881.

infraction de droit commun change de caractère à raison du but politique que son auteur a poursuivi ; c'est une infraction connexe à une infraction politique. Le plus souvent les faits de violence qui accompagnent une insurrection présentent ce caractère. Les insurgés qui s'emparent d'armes chez un armurier commettent un délit politique, du moment qu'ils n'ont pas agi pour s'approprier le bien d'autrui, mais pour faire triompher leurs idées politiques. Mais il va sans dire que toutes les infractions commises sous le couvert de l'émeute ne sauraient passer pour des infractions politiques. Comme le faisait fort bien remarquer le procureur général Dupin, dans l'affaire du général Bréa, mis à mort par les insurgés de juin 1848 (1), à la faveur d'une insurrection politique tous les crimes deviendraient permis ; la populace des grandes villes, les malfaiteurs, les repris de justice pourraient piller et massacrer sans avoir à craindre les peines sévères du droit commun.

Mais il est fort difficile d'apprécier en fait quel a été le but poursuivi par le coupable. A-t-il voulu simplement favoriser l'émeute ; a-t-il entendu simplement faire un bon coup, sous le couvert de l'insurrection ? Il est à peu près impossible de le savoir. Aussi des auteurs ont-ils proposé le critérium suivant, auquel nous nous rallions : seront délits connexes aux délits politiques, ne pourront par suite entraîner la relégation, les délits de droit commun, commis dans une insurrection, qui, s'ils se produisaient dans un état de guerre régulier, seraient légitimés. Au contraire, les crimes réprouvés par le droit des gens et contraires aux usages de la guerre entraîneraient la relégation : ainsi, par exemple, l'assassinat commis par haine

(1) Crim. rej., 9 mai 1849. *D. P.* 1849. 1. 60.

ou désir de vengeance contre des personnes inoffensives, ainsi encore les attentats contre les propriétés dans le but exclusif de s'approprier le bien d'autrui (1).

Il faut prévoir une autre hypothèse : celle où une infraction de droit commun est commise en dehors de toute insurrection, mais dans un but politique. Est-ce une infraction connexe au sens de l'art. 3, ne pouvant compter par suite pour la relégation? L'exemple type est l'attentat commis contre la personne d'un chef d'État, pour atteindre en lui le régime qu'il représente. Ici les auteurs s'accordent à dire qu'il n'y a pas connexité ; l'infraction reste une infraction de droit commun, parce que le caractère politique d'une infraction dépend de sa nature et non pas du but poursuivi par l'agent. L'infraction ne peut changer de caractère que lorsqu'elle se rattache à une infraction politique de sa nature dont elle est l'accessoire « *accessorium sequitur principale* » (2).

§ 2

Des condamnations pour faits de droit communs qualifiés crimes.

Si nous envisageons maintenant les condamnations de droit commun, celles-là seules vont compter pour la relégation, qui dénotent chez le délinquant des instincts pervers et particulièrement dangereux au point de vue social. Le législateur les énumère dans les différents paragraphes de l'art. 4 : ce sont les condamnations aux travaux forcés ou à la réclusion et à l'emprisonnement pour faits qualifiés

(1) Garraud, *Traité*, t. I, n° 96. — Albin Curet, *Des délits politiques au point de vue de l'extradition*. *France jud.*, 1881-1882, p. 465.
(2) Garraud, *l. c.* — Normand, *l. c.*, n° 167.

crimes, enfin les condamnations à l'emprisonnement pour certains délits déterminés.

Lorsqu'ils'agit de faits qualifiés crimes, la récidive apparaît comme générale : c'est-à-dire que le législateur ne distingue pas entre les divers crimes comme il le fait entre les délits. Quelque différent que le second crime puisse être du premier, il n'y en a pas moins récidive. Les infractions que la loi qualifie crimes sont particulièrement graves et dangereuses au point de vue social et l'élimination des grands criminels est une mesure de sûreté qui s'impose.

Mais bien avant 1885 le législateur avait pris des mesures très efficaces pour éliminer les grands criminels. La relégation ne va-t-elle pas faire double emploi ? De là est née la question de savoir si toutes les condamnations pour faits qualifiés crimes comptent pour la relégation.

La difficulté s'est présentée tout d'abord pour la peine des travaux forcés à perpétuité. Le législateur, en effet, dans l'art. 4, § 1er, parle de « condamnations aux travaux forcés ». Malgré la généralité de ces termes, on prétend qu'une condamnation aux travaux forcés à perpétuité ne saurait constituer un des termes de la récidive et l'on propose de corriger en ce sens le § 1er, qui serait ainsi conçu : « deux condamnations aux travaux forcés à temps ou à la réclusion (1). »

Il est certain que, la peine de la relégation ne devant être subie qu'à l'expiration de la peine principale (art. 12 de la loi), elle ne saurait être prononcée en même temps que les travaux forcés à perpétuité. Autrement on infligerait, comme on l'a dit, une peine à un cadavre, la peine

(1) Teisseire, *La Transportation pénale et la relégation*, p. 205.

des travaux forcés à perpétuité ne prenant fin qu'à la mort du condamné. La cour d'assises ne pourrait d'ailleurs prononcer la peine de la relégation en même temps que celle des travaux forcés à perpétuité, en prévision du cas éventuel d'une commutation de peine ou d'une grâce, parce que toute peine prononcée est censée devoir être intégralement subie (1).

Mais si la deuxième condamnation, celle qui entraîne la relégation, ne peut être une condamnation aux travaux forcés à perpétuité, la première condamnation, celle qui constitue le premier terme de la récidive dans l'hypothèse du § 1er de l'art. 4, peut au contraire être une condamnation aux travaux forcés à perpétuité. Il suffit de supposer que la peine perpétuelle qui avait été infligée a été changée en une peine temporaire, que le condamné a obtenu, par exemple, remise totale ou partielle de sa peine par des lettres de grâce émanées du chef de l'État. La grâce ou la commutation de peine ne faisant pas disparaître la condamnation, celle-ci continuera de compter pour la relégation.

Il y aura donc dans cette hypothèse, comme premier terme de la récidive, une condamnation aux travaux forcés à perpétuité. Concluons que l'expression générale « travaux forcés » se justifie parfaitement dans l'art. 4, § 1er, et que les critiques adressées à la loi sont mal fondées. Du reste, l'art. 4 tel qu'il avait été adopté par la chambre des députés portait : « sera relégué à vie : 1° tout individu qui aura encouru, dans un intervalle de dix années, deux condamnations à la réclusion ou aux travaux forcés à temps, sans que cependant il soit dérogé aux dispositions

(1) Crim. Cass., 26 juin 1886. *D. P.* 1886. I. 478. — Crim. Cass., 6 mai 1892. *D. P.* 1893. I. 560.

de la loi du 30 mai 1854. » La rédaction définitive a donc substitué aux mots « travaux forcés à temps » les mots « travaux forcés ». C'est avec raison comme nous venons de le voir.

En somme, pour que la relégation puisse être prononcée, le dernier terme de la récidive ne peut être une condamnation aux travaux forcés à perpétuité. Si c'est une condamnation aux travaux forcés à temps, nous nous trouvons en présence d'une nouvelle difficulté.

Elle naît de la combinaison de la loi du 27 mai 1885 avec la loi du 30 mai 1854 sur la transportation. L'art. 4, § 1er, porte qu'il n'est pas dérogé aux dispositions des §§ 1er et 2 de l'art. 6 de la loi du 30 mai 1854. Or, aux termes de ces textes : 1° tout individu condamné à huit années de travaux forcés est tenu de résider toute sa vie dans la colonie où il a subi sa peine ; 2° tout individu condamné à moins de huit années est tenu à la même résidence pendant un temps égal à la durée de la condamnation.

N'y a-t-il pas incompatibilité entre la relégation et l'obligation de résidence forcée dans la colonie pénitentiaire ainsi imposée aux forçats libérés ? Non, décide une jurisprudence constante, il n'y a pas incompatibilité (1).

S'il n'y a pas incompatibilité entre les deux lois, va-t-on les appliquer séparément ? Si l'on procédait ainsi, on arriverait à des conséquences singulières (2) : 1° un condamné à plus de huit ans de travaux forcés se trouverait être, après libération, pour toute sa vie sous le régime de la loi de 1854 et à ce titre ne serait pas astreint au travail ; 2° un condamné à moins de huit ans resterait

(1) Crim. Cass., 20 septembre 1888. *D. P.* 1889. I. 121. — Crim. Cass., 26 mars 1891. *D. P.* 1891. I. 400.

(2) Garraud, *op. cit.*, t. II, n° 298.

un temps égal à celui de sa peine dans la colonie comme libéré ayant droit à l'oisiveté. Après l'expiration de ce délai, il deviendrait relégué ordinaire et commencerait à être astreint au travail.

Est-il possible que le législateur ait voulu des résultats aussi fâcheux? Non, certainement; la loi de relégation doit s'appliquer seule. L'art. 4, § 1er, est en contradiction avec l'art. 12, qui décide que la relégation sera appliquée à l'expiration de la dernière peine. Il ne faut pas chercher à concilier ces deux textes; il faut appliquer celui-là seul qui formule une règle générale, l'art. 12. — En fait le pouvoir discrétionnaire dont jouit le pouvoir exécutif en cette matière a permis de corriger pratiquement les incohérences de la loi. « Ces résultats bizarres qui, dit M. Teisseire, s'expliquent par les modifications et les corrections successives que la loi a subies au Sénat et à la Chambre des députés, ne se présentent pas en pratique. Le gouvernement a en effet pour l'exécution de la loi sur la relégation une grande latitude, un pouvoir presque discrétionnaire. Dans de telles conditions il est à peu près certain que, non seulement il parviendra à atténuer ces fâcheuses inconséquences, mais même à empêcher pratiquement qu'elles se produisent (1). »

Les travaux forcés, la réclusion, les seules peines criminelles de droit commun dont s'occupe la loi (2), entraî-

(1) Teisseire, *op. cit.*, p. 207.

(2) La loi ne parle pas de la peine de mort. On pourrait cependant concevoir, bien que ce soit peu pratique, qu'elle constituât le premier terme de la récidive. Il faut supposer que la condamnation capitale a été commuée en la peine des travaux forcés à perpétuité. Le condamné est ensuite l'objet d'une nouvelle grâce et libéré. Il faut en plus admettre, ce qui n'est pas pratique, qu'il lui soit fait remise de l'obligation de séjour dans la colonie imposée aux transportés. Il revient en France et commet un crime dans des circonstances telles qu'il est condamné à la réclusion ou aux travaux for-

nent des peines accessoires parmi lesquelles l'interdiction de séjour et la contrainte par corps. On s'est demandé si la relégation était compatible avec ces peines accessoires.

La question s'est surtout posée pour l'interdiction de séjour. Créée par la loi du 27 mai 1885 (art. 19), l'interdiction de séjour remplace aujourd'hui l'ancienne peine de la surveillance de la haute police.

Une question analogue s'était élevée avant 1885, à l'occasion de la surveillance de la haute police, dans le cas de condamnation aux travaux forcés à perpétuité. On s'était demandé en effet s'il n'y avait pas incompatibilité entre les deux peines. La Cour de cassation avait décidé à bon droit qu'il y avait excès de pouvoirs dans l'arrêt de la Cour d'assises qui, en condamnant un individu aux travaux forcés, le condamnait en même temps à vingt ans de surveillance (1).

Évidemment, « on ne pouvait concilier la peine des travaux forcés à perpétuité qui s'exécute aux colonies et la surveillance de la haute police qui suppose tout à la fois la liberté du condamné et sa résidence sur le territoire français (2) ». Sans doute, si la Cour d'assises avait dans l'espèce condamné l'accusé à vingt ans de surveillance, c'était dans l'éventualité d'une commutation de peine; mais c'était d'abord violer le principe que toute peine

cés à temps. Va-t-on pouvoir prononcer contre lui la peine de la relégation ? Nous croyons qu'il est permis de répondre oui, malgré le silence de la loi qui a statué *de eo quod plerumque fit* et n'a pu envisager une hypothèse aussi exceptionnelle. La difficulté ne semble pas, du reste, avoir attiré l'attention des auteurs.

(1) Crim. Cass., 27 mars 1880. *D. P.* 1880. I. 440; — Cass., 16 septembre 1880. *D. P.* 1881. I. 47.

(2) Louis Sarrut, note s. ar. *D. P.* 1886. II. 146.

prononcée est censée devoir être intégralement subie; c'était, en outre, prendre une mesure inutile, la loi du 23 janvier 1874 étant venue décider qu'au cas de commutation de la peine perpétuelle en une peine temporaire la surveillance existerait de plein droit (art. 46 C. pén., modifié en 1874).

Il faut, à notre sens, transporter ces solutions pour les appliquer à la relégation, et dire qu'il y a incompatibilité entre l'interdiction de séjour et la relégation, en sorte que l'arrêt ou le jugement qui condamnerait l'accusé ou le prévenu à la relégation ne saurait, en même temps, prononcer l'interdiction de séjour contre lui (1).

Mais si le condamné à la relégation obtient remise de sa peine par voie de grâce (art. 15); s'il obtient du ministre de l'intérieur une dispense définitive de la relégation pour cause d'infirmité ou de maladie (art. 18, loi du 27 mai 1885. Décret du 26 novembre 1885, art. 11); dans toutes ces hypothèses il sera soumis à l'interdiction de résidence pendant vingt ans, s'il n'en a été disposé autrement par les lettres de grâce (2).

Cette opinion est cependant vivement combattue par M. Laborde : « Si on le met en liberté (le relégué), peut-on lui imposer l'interdiction de séjour? Ce serait évidemment utile et juste, mais l'interdiction de séjour est une peine que l'administration ne peut pas infliger et sur laquelle les tribunaux ont perdu le droit de statuer par la fin qu'ils ont donnée à l'affaire. » Ce système ne fait pas la part assez large à l'art. 46 dern. al. C. pén. « tout condamné à des peines perpétuelles qui obtiendra com-

(1) Crim. Cass., 25 février 1886. *Pand. fr.* 1886. I. 108; - Crim. Cass., 8 avril 1886. *Pand. fr.* 1886. I. 110.
(2) Arg. art. 46, *in f.* C. pénal, cbn avec art. 19, loi du 27 mai 1885.

mutation ou remise de sa peine sera, s'il n'en est autrement disposé par la décision gracieuse, de plein droit sous la surveillance de la haute police pendant vingt ans ». N'est-il pas rationnel d'assimiler à ce point de vue à une remise de peine la décision de l'autorité administrative qui libère le relégué pour cause d'infirmités? Il serait illogique que le relégué ayant bénéficié d'une grâce proprement dite, d'une faveur provoquée par sa bonne conduite, fût soumis à un régime plus sévère que le relégué libéré pour des raisons de santé.

Nous avons longuement insisté sur l'incompatibilité de la relégation et de l'interdiction de séjour. Nous serons brefs en ce qui concerne la contrainte par corps. Elle peut, à première vue, paraître inconciliable avec la relégation peine perpétuelle. Ce n'est qu'une illusion. La relégation laisse au condamné qui l'a encourue, comme accessoire à la peine principale et après l'expiration de celle-ci, « une liberté relative hors de France et une certaine aptitude à posséder des biens personnels qui seront compatibles avec l'exercice de la dite contrainte par corps pour le recouvrement des frais et des amendes au paiement desquels il doit être condamné par cela seul qu'il succombe (1). »

En somme, et pour résumer nos explications d'un mot, nous avons vu jusqu'ici que les peines criminelles de droit commun comptaient toutes en principe pour la relégation.

Si nous descendons maintenant l'échelle des peines, nous nous trouvons en présence de l'emprisonnement. L'emprisonnement pour faits qualifiés crimes entraîne la relégation quelle qu'en soit la durée (art. 4, § 2).

(1) Cass., 8 avril 1886. *Pand. fr.* 1886. I. 110. — *Adde* : Cass., 22 avril 1887. *Pand. fr.* 1887. I. 272. — Cour d'Ass. d'Indre-et-Loire, 28 septembre 1887. *Pand. fr.* 1887. II. 419.

Mais pour qu'un crime soit puni d'emprisonnement, il faut que la culpabilité de l'agent soit atténuée par les circonstances de fait. Le crime n'implique plus ici la même démoralisation chez son auteur, la même perversion de la conscience : aussi le législateur lui attribuera-t-il, comme nous le verrons plus loin, une importance moindre au point de vue de la relégation.

Il reste à se demander dans quels cas *un crime* est puni d'emprisonnement ?

Il est une hypothèse que nous écartons immédiatement et à laquelle on pourrait être tenté de s'arrêter par suite d'une *confusion*. La juridiction d'instruction ayant admis l'existence de circonstances aggravantes, le fait incriminé est qualifié crime et poursuivi comme tel devant la cour d'assises. Il s'agit d'un vol qualifié, commis ou prétendu commis à l'aide d'effraction ou escalade. Le jury ne reconnaît pas l'existence des circonstances aggravantes : le vol n'est alors puni que de l'emprisonnement. Mais la qualification du fait incriminé change par là même ; ce n'est plus un crime, c'est un simple délit. La peine ne pourra compter pour la relégation qu'autant qu'elle sera supérieure à trois mois de prison, comme c'est la règle pour les délits. En somme, seule la décision de la juridiction de jugement détermine de manière définitive la nature du fait incriminé.

Ceci posé, nous dirons qu'un crime ne peut être puni d'emprisonnement que dans les deux hypothèses suivantes : 1° dans le cas d'admission de circonstances atténuantes (art. 463 C. pén.); — 2° dans le cas d'excuses légales de minorité (art. 67 C. pén.) — de provocation (art. 321 à 326) — ou encore lorsque l'une et l'autre hypothèse se trouvent réunies, auquel cas le minimum de la peine peut même descendre à une simple amende (art. 463, dern. al. C. pén.).

1) Quand un crime est puni d'une peine correctionnelle par suite de l'admission des circonstances atténuantes, la peine prononcée ne peut jamais être inférieure à une année d'emprisonnement (art. 463, al. 7, C. pén.). Personne ne met en doute en pareil cas que la condamnation compte pour la relégation et qu'elle compte comme condamnation pour fait qualifié crime. L'admission de circonstances atténuantes et l'abaissement de la pénalité qui en résulte ne modifient pas la nature du fait incriminé.

2) Au contraire, lorsqu'il s'agit des excuses légales de minorité et de provocation, les criminalistes cessent de s'entendre. De nombreuses controverses ont été soulevées, qui n'ont pas encore reçu de solution définitive.

L'excuse atténuante de minorité est celle dont bénéficie le mineur de seize ans lorsqu'il est reconnu avoir agi avec discernement. Sa responsabilité admise en principe ne saurait être aussi étendue que celle de l'homme fait : aussi le législateur a-t-il considéré qu'il fallait diminuer ici la peine pour la proportionner à la culpabilité de l'agent. L'effet général de l'excuse légale de minorité est de transformer les peines criminelles en peines correctionnelles (art. 67 C. pén.). On conçoit parfaitement en théorie qu'une pareille condamnation puisse constituer l'un des termes de la récidive en matière de relégation. Si la jeunesse du criminel atténue sa responsabilité, il n'en est pas moins vrai de dire qu'il y a chez lui oblitération précoce ou développement incomplet du sens moral, très souvent par suite de l'influence du milieu. De nouvelles condamnations prouveront que l'emprisonnement dans une maison de correction n'a pas contribué à le moraliser, que désormais on est en présence d'une conscience dévoyée et que la seule mesure de préservation sociale contre un tel délinquant est la relégation.

Prenons maintenant l'excuse de provocation. Son effet est également de substituer une peine correctionnelle à la peine criminelle. Cette peine peut même être abaissée à six mois de prison (art. 326 C. pén.). A vrai dire, une telle condamnation n'implique pas chez l'auteur du crime excusé l'absence du sens moral. Il peut s'agir d'un homme violent, emporté ; on ne peut voir ici la marque d'instincts criminels qui constituent un danger social. Cependant il n'est pas douteux que cette condamnation doive, en principe, compter pour la relégation. Là n'est pas la question. Si elle est le dernier terme de la récidive, elle sera la goutte d'eau qui fait déborder le vase trop plein.

On peut seulement se demander si la condamnation à l'emprisonnement pour un crime excusé vaut dans le calcul de la récidive comme condamnation correctionnelle, ou comme condamnation criminelle. La difficulté se pose également pour les deux excuses légales — de minorité et de provocation — et n'est qu'un des aspects d'une question très large : l'excuse légale fait-elle dégénérer le crime en délit, comme les circonstances aggravantes transforment le délit en crime.

Le problème n'est du reste pas exclusivement théorique. La combinaison de l'excuse légale avec les circonstances atténuantes peut faire abaisser la peine jusqu'au minimum de un jour de prison (art. 326 et 463 cbn, C. pén.). En pareil cas, s'il s'agit d'un délit, la condamnation ne comptera pas pour la relégation puisqu'elle est inférieure à trois mois de prison.

Pour certains criminalistes (1), le crime excusé reste toujours un crime ; d'où l'on conclut logiquement que toute peine d'emprisonnement, si petite que soit sa durée, doit compter au nombre des trois condamnations exigées par notre § 2 (2).

D'autres criminalistes, et des plus autorisés, prétendent que l'excuse transformant la nature de la peine transforme aussi la nature de l'infraction (3), en un mot que le crime excusé devient un délit. D'où il suit que la condamnation ne saurait compter pour la récidive de relégation que si elle est supérieure à trois mois de prison et prononcée pour l'un des délits spécifiés dans le § 2 de l'art. 4.

« Il n'est pas douteux, dit M. Garraud (t. II, n° 143), que les circonstances atténuantes, qui ont souvent pour résultat de substituer une peine correctionnelle à une peine criminelle, ne font pas dégénérer pour cela le crime en délit, parce que la transformation de peine qui s'accomplit en ce cas n'est pas l'œuvre directe de la loi, mais l'œuvre du juge et qu'il ne peut dépendre du juge de changer la qualification légale du fait incriminé. Mais dans le cas d'une excuse atténuante, c'est la loi qui prononce directement une peine correctionnelle ; or, l'infraction que la loi punit de peines correctionnelles est un délit (art. 1er C. pén.). »

A cela on ajoute un argument d'analogie. « Personne, dit M. Laborde (cours de Droit Crim., n° 572) n'hésite à qualifier crime l'infraction dont la peine est transformée de correctionnelle en criminelle par l'effet d'une cause d'ag-

(1) V. not. Villey, note. ss. Cass., 12 août 1880. Sir. 1881. I.385.
(2) André, p. 291. — Le Poittevin, pp. 48 et s.
(3) Ortolan, t. II, n° 1856 ; — Garraud, t. II, nos 143 et 210 ; — Faustin Hélie, *Instruct. crim.*, t. II, nos 1055 et 1056 ; — Laborde, nos 571 et 572.

gravation légale. Pourquoi hésiterait-on à qualifier délit l'infraction dont la peine est transformée de criminelle en correctionnelle par l'effet d'une cause d'atténuation légale. »

On fait valoir enfin que le législateur de 1885 n'a songé qu'à l'effet des circonstances atténuantes. Pour donner un sens aux paroles du rapporteur de la commission du Sénat, il faut nécessairement admettre que le crime excusé dégénère en délit. « Je vais observer au Sénat, disait-il, qu'il n'y a pas condamnation pour faits qualifiés crimes qui soit inférieure à un an de prison (1). »

Il y a donc de bonnes raisons de croire que le crime excusé dégénère en délit. Mais c'est beaucoup s'avancer qu'en conclure que, dans la pensée des auteurs de la loi de 1885, la condamnation à l'emprisonnement encourue à la suite d'un crime excusé n'est pas une condamnation pour faits qualifiés crimes. Tout ce qu'on peut conclure des travaux préparatoires, c'est que le législateur s'est exclusivement préoccupé de l'effet des circonstances atténuantes. Mais pour les excuses légales sa volonté reste ignorée. Il faut la suppléer par le raisonnement.

La doctrine qui assimile au point de vue de la relégation le crime excusé au délit conduit à des conséquences contraires à l'esprit de la loi. Prenons un meurtre excusé et puni d'une peine d'emprisonnement supérieure à trois mois. Il ne devra pas, dans la doctrine que nous combattons, compter pour la relégation. Il constitue en effet un délit, mais il ne figure pas au nombre des délits limitativement énumérés par les §§ 2 et 3 qui seuls entraînent la

(1) Séance du Sénat, 10 février 1885. *J. off.*, déb. parl., Sénat, p. 101.

relégation. C'est là une solution choquante : notre système l'évite.

La jurisprudence n'a pas encore tranché la difficulté. Il est difficile de dire dans quel sens elle se prononcera, car sur le point de savoir si le crime excusé dégénère en délit, elle a admis des solutions contradictoires.

La Cour de cassation a toujours reconnu au jury le droit d'admettre les circonstances atténuantes en faveur du mineur de seize ans; ce qui ne peut s'expliquer qu'en disant que le fait reste crime (1).

Quant à la prescription de l'action publique, la Cour de cassation avait décidé tout d'abord que le crime commis par le mineur de seize ans, n'étant puni que de peines correctionnelles, dégénère en simple délit, et, de ce principe ainsi posé, elle déduisait que l'action publique était soumise à la prescription triennale de l'art. 638 C. instr. crim. (2).

Ces deux solutions étaient incompatibles. Un arrêt récent de la Cour de cassation est revenu au principe posé à l'occasion des circonstances atténuantes. Le crime excusé pour cause de minorité ne dégénère pas en délit. C'est la prescription de dix ans qui s'y applique (3).

Pour l'excuse de provocation la jurisprudence a subi, on ne sait pourquoi, une évolution inverse. Après avoir décidé que l'admission de l'excuse n'influe pas sur la durée de la prescription qui reste la prescription des crimes (4), elle

(1) Cass., 28 janvier 1847. *D. P.* 1847. IV. 117. n° 5. — Cass., 10 août 1866. *D. P.* 1866. I. 456.

(2) Cass., 25 août 1864. *D. P.* 1865. I. 42; — 10 décembre 1869, *D. P.* 1870. I. 319; — 12 août 1880, *D. P.* 1881. I. 92.

(3) Cass., 9 juillet 1891. Sir. 1891. I. 432.

(4) Cass., 17 janvier 1833. Dall., *Rép. alph.*, *Prescript. crim.*, note ss. le n° 49. — Même solution implicite dans l'arrêt du 10 décembre 1869 précité.

a déclaré dans de nombreux arrêts que l'infraction devient un délit lorsque l'excuse de provocation a été admise (1).

En somme, il est difficile de justifier la distinction faite par la jurisprudence entre les excuses légales de provocation et de minorité.

Elle ne se justifierait pas davantage au point de vue de la relégation.

§ 3

Des condamnations pour faits de droit commun qualifiés délits.

Si nous nous plaçons en présence non plus de crimes punis d'emprisonnement, mais de simples délits, nous avons à formuler une double règle :

1° Les condamnations correctionnelles ne comptent pour la relégation qu'autant qu'il s'agit de délits spécialement déterminés par la loi ;

2° Une condamnation correctionnelle ne peut être prise en considération si elle n'est supérieure à trois mois de prison, à moins qu'il ne s'agisse du délit de vagabondage ou de l'infraction à l'interdiction de résidence.

Cette deuxième règle n'appelle pas de grands développements. Il suffit de faire remarquer que la durée de la peine prononcée doit seule être prise en considération pour savoir si la loi de 1885 est applicable, et non la durée de la peine réellement subie : d'où il suit que toute condamnation à plus de trois mois d'emprisonnement comp-

(1) Cass., 13 septembre 1850. *D. P.* 1850. V. 98 ; — 22 juillet 1852. *D. P.* 1852. V, 153. n° 11 ; — 20 juin 1867. *D. P.* 1867. I. 413 ; — 7 avril 1887. D. P. 1888. I. 41.

tera pour la relégation, même dans le cas où le condamné subit sa peine en cellule et où elle est de ce fait réduite à moins de trois mois (art. 4, l. 5 juin 1875) « la durée des peines subies sous le régime de l'emprisonnement individuel sera de plein droit réduite d'un quart (1) ».

C'est surtout notre première règle dont il importe de préciser la portée. Quels sont ces délits prévus par la loi de 1885 comme pouvant conduire à la relégation? Quel est leur caractère commun?

Ce sont des délits « qui par leur fréquence plus encore que par leur gravité constituent un véritable et pressant danger social. Ils rentrent tous dans cette formule générale : délits contre la propriété et les bonnes mœurs. Ce sont le vol, l'escroquerie, l'abus de confiance, l'outrage public à la pudeur, l'excitation habituelle des mineurs à la débauche. Ce sont aussi, la statistique en fait foi, ceux qui par leur nature même et leur fréquence acquièrent surtout le caractère de délits professionnels. Ils rentrent en effet pour le chiffre de 56.456 dans le total des 153.655 délits soumis en 1882 aux tribunaux correctionnels (2) ».

A l'énumération de M. de Verninac, il faut ajouter le vagabondage et la mendicité, accompagnés des circonstances aggravantes prévues par les art. 277 et 279 du Code pénal, et accessoirement l'infraction à l'interdiction de résidence.

Ce sont surtout les récidivistes en matière correctionnelle que la loi a voulu atteindre. Ils constituent une armée de gens sans aveu, sans moralité, réfractaires à toute tentative de moralisation, véritables professionnels

(1) Garraud, t. II, n° 211, note 18.

(2) 1er rapport de M. de Verninac au Sénat. *J. off.*, janvier 1885, p. 407, annexe 352.

du crime. Leur nombre toujours croissant constituait un danger de plus en plus grand pour les campagnes où, vagabonds, ils rôdent à la quête d'un souper et d'un gîte; danger pour les villes aussi, pour les grandes villes surtout, où, plus sûrs de l'impunité, ils peuvent exercer à loisir leurs lucratives industries de rôdeurs de barrières ou de cambrioleurs. Contre eux les aggravations de peine prononcées par la loi en cas de récidive ne servent de rien : on ne peut tenter efficacement ni de les intimider, ni de les amender. On a la certitude qu'aussitôt libérés ils recommenceront, parce qu'ils n'ont pas d'autres moyens d'existence, et que, dégénérés, sans énergie, ils n'ont pas la volonté suffisante pour s'astreindre à un travail honnête.

Contre eux la société ne peut se défendre qu'en s'en débarrassant, qu'en les envoyant au delà des mers dans des conditions telles que le retour dans la métropole leur soit impossible.

Telle est l'idée mère de la loi de 1885. Peut-être l'organisation pratique de la relégation n'a-t-elle pas répondu à tous les *desiderata* qui avaient pu être formulés, mais ce n'est pas ici le lieu de nous en occuper.

Revenons donc à l'étude juridique de la loi, en essayant de préciser davantage la portée de la règle que nous étudions en ce moment.

Une première difficulté s'élève sur le point de savoir si les condamnations pour complicité ou pour tentative sont des éléments de la relégation. Le doute vient de ce que le législateur ne s'est pas expliqué sur cette question.

On admet généralement l'affirmative quand il s'agit de condamnations pour complicité, parce que le Code pénal assimile le complice à l'auteur principal et le punit de la même peine (art. 59 C. pén.) (1).

Au contraire la tentative de délit n'est réprimée que dans les cas déterminés par une disposition spéciale (art. 3 C. pén.). Or parmi les délits que retient la loi sur la relégation, le vol et l'escroquerie sont les seuls pour lesquels la tentative soit punissable (art. 401 et 405 C. pén.). Mais la loi ne parle pas des condamnations encourues pour tentative de vol et d'escroquerie et l'on peut soutenir que ce silence doit s'interpréter en faveur des condamnés pour simple tentative d'un de ces délits. Nous ne croyons cependant pas cette opinion fondée, car le Code, lorsqu'il la déclare punissable, assimile la tentative du délit au délit lui-même. On eût pu facilement éviter cette difficulté en ajoutant au texte les mots « et tentative » (vol et tentative, escroquerie et tentative) (2). Du reste la majorité des auteurs décident qu'il faut faire entrer en ligne de compte les condamnations pour tentative ou complicité, comme celles prononcées pour le délit lui-même (3).

Négligeant donc ce qui concerne la complicité ou la tentative, précisons quels sont les délits prévus par la loi de relégation. L'énumération légale que nous avons rapportée n'est pas sans soulever des difficultés, surtout quand il s'agit de fixer le sens précis des deux principaux termes de cette énumération : *a*) le vol ; *b*) l'abus de confiance.

a) Que faut-il entendre par le mot « vol » dans la loi de 1885? La loi désigne-t-elle par là d'une manière générale tous les délits prévus à la section 1re ch. II, t. II, liv. III,

(1) *Sic* : Paris, 4 mars 1886. D. P. 1886. II. 62.

(2) Sarrut, nte ss. plus. arrêts, III° *D. P.* 1886. II. 50.

(3) *Sic* : Montpellier, 4 février 1886 : *D. P.* 1886. II. 61. — Cass., 10 juin 1886. *D. P.* 1886. I. 352. — *Adde* : Garçon, *Journ. de droit crimin.*, pp. 225 et suivantes, année 1885 ; — Garraud, t. II, n° 211 ; — Normand, n° 478-1°.

du Code pénal (art. 379 à 401)? (1) D'où cette conséquence que le délit de filouterie d'aliments commis au préjudice des restaurateurs, prévu et réprimé par le paragraphe additionnel introduit à la suite de l'art. 401 par la loi du 26 juillet 1873, étant compris dans la *section* des *vols*, doit compter pour la relégation s'il a été frappé d'une peine supérieure à trois mois d'emprisonnement (2).

Il en est autrement si l'on admet que la loi de 1885 a employé l'expression *vol* dans son sens juridique, qui implique, aux termes de l'art. 379 C. pén., la soustraction frauduleuse de la chose d'autrui (3).

Les peines prononcées à raison des infractions prévues par les art. 379 à 401 C. pén. ne peuvent dans cette opinion compter pour la relégation qu'autant que ces infractions réunissent les caractères constitutifs du vol. Or, dans le délit de filouterie d'aliments, il n'y a pas soustraction frauduleuse de la chose d'autrui, puisque la victime du délit remet volontairement, bien que par erreur, les boissons et les aliments. En sorte que le délit de *grivellerie*, bien qu'inséré au C. pén. sous la rubrique *Des vols*, n'en est pas moins une infraction spéciale distincte du vol dont elle ne réunit pas les éléments (4). Du reste avant la loi de 1873, la jurisprudence ayant admis que la filouterie d'aliments ne constituait ni un vol, ni une escroquerie, ni un

(1) *Sic* : Tournade, *Com. de la loi sur la relégat.*, nº 10, p. 36.

(2) *Sic* : Chambéry, 12 février 1886. Sir. 1886. II. 142.

(3) *Sic* : Garraud, t. II, nº 211; — Jambois, *Code pratiq. de la relégat.* p. 53; — Garçon, *Journ. de Droit crimin.*, pp. 225 et suivantes. — A. Desjardins, journ. *le Droit*, 25 et 26 janvier 1886; — Laborde, journ. *la Loi*, 22 mai 1886; — Le Poittevin, *Comment. pratiq. de la loi de 1885*, nº 16; — Berton, *Code de la relégat.*, nºs 152 et suivants.

(4) *Sic* : trib. correct. Seine, 31 décembre 1885, *D. P.* 1885. V. 399; — Nancy, 11 février 1886. Sir. 1886. II. 49; — Lyon, 1er mars 1886. Sir. 1886. II. 142; — Cass., 5 juin 1886. *D. P.* 1886. I. 351.

abus de confiance, les tribunaux correctionnels s'étaient trouvés désarmés : ce qui explique l'intervention du législateur (1).

Les délits spécifiés dans les art. 387, 399 et 400 C. pén. — altération de liquides ou de marchandises confiées à des voituriers, contrefaçons de clefs, détournements d'objets saisis ou donnés en gage — ne rentrent pas davantage dans la définition générale de l'art. 379 et par suite ne sont pas visés par l'art. 4 de la loi du 27 mai 1885 (2).

Au contraire, il faudra compter pour la relégation les condamnations à plus de trois mois d'emprisonnement pour les larcins et filouterie (art. 401), pour les délits prévus par les art. 388 et 389 C. pén. — vol dans les champs, vol de récoltes, vol de bois dans les ventes, de pierres dans les carrières, de poissons dans les étangs, viviers ou réservoirs, vol de terrain par le déplacement de bornes; — tous ces faits sont de véritables vols consistant dans la soustraction frauduleuse de la chose d'autrui.

b) La matière de l'abus de confiance dont il est traité au Code pénal dans les art. 406 à 409 comprend quatre délits distincts.

L'abus de confiance proprement dit est prévu et puni par l'art. 408. Il consiste dans le détournement d'objets confiés à titre de louage, de dépôt, de mandat, de nantissement, de prêt à usage ou pour un travail salarié ou non salarié. En réalité ces diverses fraudes, que le droit romain faisait rentrer dans la notion du vol, s'en distinguent par un caractère notable : ce qui constitue le vol, c'est, nous l'avons dit, la soustraction d'une chose contre la

(1) Voy. *D. P.* 1873. IV. 94, note 4, 2 et 3e col.
(2) *Sic* : Garraud, *l. c.*

volonté de son possesseur; dans l'abus de confiance, l'agent s'approprie une chose dont le propriétaire s'est volontairement dessaisi entre ses mains.

Quoi qu'il en soit, personne ne met en doute qu'une condamnation à plus de trois mois prononcée pour abus de confiance aux termes de l'art. 408 ne doive entraîner la relégation. La même solution est admise pour l'abus de blanc-seing prévu par l'art. 407. Mais des doutes se sont produits pour d'autres faits qui, de l'avis de beaucoup d'auteurs, ne constituent pas de véritables abus de confiance, *stricto sensu*.

Ce sont : 1° Le détournement de pièces produites dans un procès (art. 409) ;

2° L'abus des besoins, des faiblesses ou des passions d'un mineur (art. 406).

La question de savoir si le fait prévu par l'art. 409 constitue ou non un véritable abus de confiance n'a pas d'intérêt au point de vue de la relégation, car la peine encourue à l'occasion de ce délit, ne pouvant être qu'une amende, ne peut être par suite prise en considération.

La difficulté est réelle au contraire quand il s'agit de l'abus des besoins, des faiblesses ou des passions des mineurs auxquels on fait souscrire des obligations qui leur sont préjudiciables. Il est bien difficile d'admettre qu'il s'agisse là d'un délit d'abus de confiance au sens propre du mot, en dépit de la place qu'occupe l'art. 406; Le délit existe en effet alors que le mineur n'a nullement été abusé. Il a su qu'il traitait avec un usurier, il a donc volontairement consenti le préjudice qu'il subit.

Le délit consiste donc à avoir abusé non pas de la confiance mais de l'inexpérience d'un jeune homme inhabile encore à débattre ses intérêts. De ce point de départ on conclut que les condamnations prononcées pour infraction à l'art. 406 du C. pén. ne comptent pas pour la relégation (1).

Le législateur aurait donc pris le terme abus de confiance, comme celui de vol dans son sens usuel et plus strictement juridique. — Il est cependant assez difficile de l'admettre étant donné surtout, comme M. Garraud lui-même en fait la remarque, que si ce fait n'est pas un abus de confiance, il se rapproche beaucoup de l'escroquerie qui emporte la relégation.

Les autres délits prévus par la loi de relégation ne soulèvent pas de difficultés. Ce sont : l'escroquerie punie par l'art. 405 C. pén., — l'outrage public à la pudeur (art. 330 C. pén.), — le délit d'excitation habituelle des mineurs à la débauche (art. 334 C. pén.), — le vagabondage et la mendicité, — l'infraction à l'interdiction de séjour. Rappelons au sujet de ces derniers délits qu'une condamnation pour vagabondage ou mendicité ne compte, dans le cas prévu par le § 2, qu'autant qu'elle est supérieure à trois mois de prison, et que le vagabondage et la mendicité sont accompagnés des circonstances aggravantes prévues par les art. 277 et 279 du Code pénal. Ces circonstances aggravantes résultent de ce que le vagabond a été saisi porteur de limes ou de crochets propres à commettre des vols, de ce qu'il a été saisi travesti, de ce qu'il a proféré des menaces ou tenté d'exercer des violences contre les personnes. Le § 4 prend en considération les condamnations pour vagabondage simple ou pour infraction à l'interdiction de séjour, même si elles sont inférieures à trois mois de prison. Il faut seulement qu'elles soient accompa-

(1) *Sic : Garraud, l. c.*, n° 311; — André, p. 107. — *Contra :* Berton, n° 171; — Jambois, p. 56.

gnées d'autres condamnations plus graves; nous verrons dans quelle mesure, en étudiant, dans notre section III, ce qu'on est convenu d'appeler les quatre cas de relégation.

§ 4

Des conditions communes aux diverses condamnations.

Nous nous sommes attachés jusqu'à présent à définir et à préciser les condamnations qui peuvent former les éléments de la récidive de relégation. Mais les condamnations visées par la loi ne comptent pour la relégation qu'autant qu'elles remplissent certaines conditions qu'on peut rameneraux idéessuivantes : 1° elles doivent émaner d'une juridiction française ordinaire à l'exclusion des juridictions spéciales et exceptionnelles (art. 2, L. du 27 mai 1885); 2° il faut qu'elles soient définitives et que d'autre part elles n'aient pas été effacées par l'amnistie ou la réhabilitation.

1° Les condamnations prononcées par les tribunaux étrangers n'entraînent pas la relégation (1). C'est une application d'une règle très générale de notre droit, à savoir : qu'il n'y a pas de *récidive internationale*. Contre cette idée certains congrès et quelques législations, la législation Suisse en particulier, ont entrepris de lutter.

Une loi importante du canton de Genève (29 décembre 1892) sur la peine conditionnelle décide notamment que le sursis ne peut être appliqué que si l'agent n'a été condamné, ni en Suisse, ni à l'étranger. De même le Code pénal du canton de Neufchâtel, du 29 mai 1881, dans son

(1) *Sic :* C. Nancy, 11 avril 1889. Dall., Suppl., v° *Récidive-relégation*, note sous n° 140.

art. 87, décide que, pour l'aggravation de peine en matière de récidive, on tient compte des condamnations prononcées par des tribunaux étrangers pourvu que les pays de ces tribunaux aient avec la Suisse des traités d'extradition. Le traité d'extradition prouve en quelque sorte que l'on peut avoir confiance dans l'organisation de la justice du pays. — L'avant-projet du Code fédéral suisse s'est approprié ces dispositions : pour le sursis (art. 50); pour l'aggravation de peine résultant de la récidive ou les mesures de sûreté contre les récidivistes (art. 42).

La question a été discutée en 1883 à Munich par l'institut de Droit international et aussi en 1895 (1).

A l'heure actuelle il existe entre la France et certains pays une convention aux termes de laquelle on se communique réciproquement par la voie diplomatique les sentences de condamnations rendues dans ces pays contre les nationaux. Cela présente au moi :: un intérêt. L'agent a commis un délit à l'étranger et il a été condamné de ce chef; le tribunal français, connaissant la condamnation, peut en tenir compte dans la limite du maximum au minimum, mais il ne peut ni prononcer l'aggravation résultant de la récidive, ni appliquer la relégation en admettant que la condamnation encourue à l'étranger complète le nombre voulu.

On peut se demander si cette règle est sage. Elle nous semble contraire à la justice. Deux individus, par exemple, ont commis deux fois le même délit : ils se valent moralement. Mais l'un a été condamné une fois à l'étranger, l'autre n'a jamais été condamné qu'en France. Pourquoi

(1) Clunet, 1894, article de M. Le Poittevin ; — Clunet, 1895, rapport de M. Le Poittevin.

frapper le second seulement de peines plus sévères ? Cette règle nous paraît aussi contraire à l'utilité sociale. Qu'un malfaiteur de profession vienne en France, la justice est en partie désarmée à son égard. Il faut attendre pour le reléguer qu'il ait encouru toute la série des condamnations. Ces inconvénients pouvaient passer pour négligeables à l'époque de la promulgation de nos Codes, où les communications étaient peu faciles et peu fréquentes : ils ne sont plus à dédaigner aujourd'hui.

Cependant le vieux principe trouve encore des défenseurs. On dit tout d'abord : deux condamnations encourues en France prouvent deux infractions à la loi française. Si l'une des deux condamnations a été encourue à l'étranger, il n'y a eu qu'une violation de la loi française: il n'y a donc pas récidive.

Ceci même n'est pas exact, car le Français peut, même à l'étranger, violer la loi pénale française (V. art. 5 C. instr. crim.). Il faut, il est vrai, que, si le fait est un délit, il soit puni par la loi locale pour pouvoir être puni en France. Mais les infractions qui comptent pour la relégation sont toujours des actes dangereux pour la société en quelque lieu qu'ils interviennent.

On dit encore : admettre qu'il y a récidive lorsque la première condamnation a eu lieu à l'étranger, c'est donner effet en France à la sentence d'une juridiction étrangère contrairement au principe que les condamnations pénales ne produisent effet que sur le territoire. De plus l'avertissement donné par l'autorité française manque ; or il est nécessaire en matière de récidive.

Quoi qu'il en soit, il faut répondre qu'il y a là une vue trop étroite des choses. En réalité pour les faits de droit commun graves, le tribunal étranger ne s'est pas occupé d'un délit anti-national, mais d'un délit anti-social; en sorte que ce tribunal a agi au nom de la société *in globo*.

Restent seulement deux grosses difficultés pratiques. On peut n'avoir pas pleine confiance dans la juridiction étrangère, soit parce que cette juridiction étrangère est mal constituée, a une procédure vicieuse, soit que, toute question d'organisation mise à part, on puisse douter de son impartialité quand elle a condamné un individu qui n'était pas de ses nationaux.

Cette difficulté est sérieuse. Elle n'a cependant pas arrêté le rédacteur de l'avant-projet du Code fédéral Suisse Il est vrai qu'il a peut-être été trop loin. Pratiquement il faudrait donner à la juridiction française, appelée à condamner comme récidiviste un individu déjà condamné à l'étranger ou même à le reléguer, le pouvoir de rechercher si les condamnations ont été justes. C'est la solution de l'Institut de droit international de droit pénal (Munich, 1883, art. 15).

Cette appréciation par une juridiction de la condamnation prononcée par une autre juridiction n'est d'ailleurs pas sans exemple. En Allemagne et en Italie, il est de principe que si un national de ces pays a été condamné à l'étranger, en Belgique par exemple, une fois sa peine accomplie les incapacités découlant de la sentence pénale étrangère ne le suivent pas dans sa patrie. Cependant cet individu (art. 37 C. Allemand, art. 7 C. Italien) pourra faire dans son pays l'objet d'une procédure dans laquelle on recherchera s'il faut que les incapacités continuent de le toucher chez lui.

Chez nous la relégation est obligatoire en règle générale dès que le nombre voulu des condamnations a été encouru. Mais supposons une condamnation de droit commun prononcée par un tribunal d'exception, un tribunal militaire, par exemple. En pareil cas les tribunaux ordinaires auront à rechercher si le tribunal militaire ne s'est pas montré trop sévère ; c'est un des cas où la relégation n'est pas obligatoire. Pourquoi ne pas admettre pour nos tribunaux le même pouvoir d'appréciation lorsqu'il s'agit de condamnations émanées de juridictions étrangères ?

Il est vrai qu'on se heurte alors à la seconde des difficultés que nous avions signalées.

Les lois sur la récidive et sur la relégation en particulier sont fort compliquées. Pour la relégation il faut prendre en considération des condamnations fort nombreuses et qui constituent en cette matière les différents termes de la récidive. Or, ces différents termes, nous pouvons ne plus en trouver les équivalents dans la loi étrangère, nous sommes au moins exposés à ne plus les reconnaître : car il est impossible de fixer l'équivalence de nos peines avec celles de l'étranger.

La difficulté n'est cependant pas insoluble. Quels éléments faut-il envisager pour savoir si une condamnation compte pour la relégation ? Il faut rechercher la nature du fait incriminé, la durée de la peine. Or, de ces éléments nous saisissons le premier : la nature du fait incriminé en rapport avec la nature de la peine prononcée. Il est aisé de déterminer si le fait est crime ou délit ; et si c'est un délit dans quelle catégorie il faut le faire entrer. Quant à la durée de la peine prononcée il y aura évidemment lieu de faire un calcul compliqué et délicat d'équivalence : de rechercher, par exemple, si une peine étrangère inférieure à trois mois de prison n'équivaut pas à une peine d'emprisonnement supérieure à trois mois chez nous.

Le seul danger est ce qu'il y a de nécessairement arbitraire dans une pareille appréciation; mais l'arbitraire est complet dès qu'on permet au juge, ce qui s'impose, de discuter la sentence du tribunal étranger.

Du reste il est un peu naïf de parler de sauvegarde de la liberté individuelle quand sont en cause des gens sans aveu, criminels cosmopolites qui promènent de pays en pays leurs vices anti-sociaux.

On comprendrait donc que la loi laissât au juge un certain pouvoir d'appréciation en cette matière. Il n'en est rien; les condamnations prononcées par les tribunaux étrangers ne comptent pas pour la relégation.

Il en est de même, en règle générale, des condamnations qui émanent de juridictions spéciales et exceptionnelles (art. 2). Cependant ici la loi reconnaît au juge une certaine latitude; il est libre de négliger certaines condamnations ou de les prendre en considération: ce sont les condamnations prononcées, pour faits de droit commun, par les conseils de guerre permanents des corps d'armée ou des arrondissements maritimes. La sévérité bien connue de ces juridictions explique ce droit de contrôle des tribunaux ordinaires. Le rapport entre la gravité de la peine et celle de l'infraction se trouve modifié; dès lors, les calculs du législateur, qui a prétendu déterminer exactement, d'après la nature et le nombre des condamnations, la dose de criminalité nécessaire et suffisante pour entraîner la relégation, se trouvent mis en défaut. Dans cette hypothèse la relégation est facultative.

2° Si nous supposons une condamnation émanant d'un tribunal français ordinaire, elle ne comptera pour la relégation qu'autant qu'elle n'aura pas été effacée par la réhabilitation ou l'amnistie. L'art. 5 dispose en effet : « les condamnations qui auront fait l'objet de grâce, de commutation ou réduction de peine seront néanmoins comptées en vue de la relégation. Ne le seront pas celles qui auront été effacées par la réhabilitation ».

En règle générale, tout fait qui n'a d'influence que sur la peine, mais laisse subsister la condamnation, reste sans effet sur la relégation. C'est ainsi que la commutation ou réduction de peine, la grâce ou la prescription, qui ont pour effet de libérer le condamné de sa peine en tout ou en partie, ne le déchargent pas de la condamnation qui continue de produire tous ses effets quant à la relégation.

Depuis la loi du 14 août 1885 (art. 634 modifié du C. instr. cr.), c'est au contraire une règle générale que la réhabilitation efface la condamnation et fait à l'avenir cesser les incapacités qui en résultent. La loi du 27 mai 1885 a fait avant la lettre application de cette règle.

La loi du 26 mars 1891 a créé une réhabilitation de plein droit (1) qui produit les mêmes effets que l'autre. Lorsque le condamné en faveur duquel a été prononcé, en vertu de la loi Bérenger, le sursis conditionnel, n'a été, pendant les cinq ans qui forment la durée du sursis, l'objet d'aucune condamnation nouvelle à l'emprisonnement ou à une peine plus grave pour un crime ou pour un délit de droit commun, la condamnation qui lui avait été infligée, avec toutes ses conséquences légales, est comme non avenue par le seul fait de l'expiration du sursis (art. 1 et 2, loi du 26 mars 1891).

En somme, les effets des deux réhabilitations seront identiques ; la condamnation pour laquelle le sursis a été accordé, étant au bout de cinq ans non avenue, ne pourra

(1) Rapport de M. Bérenger au Sénat, le 6 mars 1890. *J. off.*, 29 mai.

pas plus constituer le premier terme de la récidive qu'une condamnation effacée par la réhabilitation judiciaire. La solution est du reste la même, qu'on envisage la récidive du Code pénal (art. 56 à 58) ou au contraire la récidive de relégation.

L'amnistie produit, bien que l'art. 5 ne la mentionne pas, les mêmes effets que la réhabilitation; il ne peut s'élever de doutes sur ce point. L'amnistie a pour effet de produire l'oubli des faits, elle anéantit le délit lui-même, elle place donc les choses au même point que si l'infraction n'avait pas été commise.

Il n'est pas besoin d'insister plus longuement sur cette condition toute négative de l'art. 5, à savoir : qu'une condamnation ne peut entrer en ligne de compte qu'autant qu'elle n'aura pas été effacée par l'amnistie ou la réhabilitation. Mais il faut en plus qu'elle soit définitive.

L'idée est simple en elle-même. Le juge appelé à prononcer la relégation doit faire le total des condamnations encourues par le récidiviste; mais s'il s'en trouve une qui ne soit pas définitive, il n'en tiendra pas compte, parce que, dans le calcul auquel il doit se livrer, il y a un élément qui n'est pas certain.

Mais la question devient fort délicate si, ne nous plaçant plus à l'époque de la condamnation qui doit faire reléguer le récidiviste, nous envisageons la dernière infraction. Ne faut-il pas exiger que toute condamnation qui comptera pour la relégation soit devenue définitive à cette époque? C'est là précisément l'objet de notre section II. Il s'agit de savoir quelle est la nature de la récidive de relégation, si elle consiste dans la simple réitération du délit ou si elle suppose des termes séparés respectivement par des condamnations définitives.

SECTION II

NATURE DE LA RÉCIDIVE DE RELÉGATION

§ 1er

De l'ordre des condamnations.

La récidive, telle que l'organise le Code pénal qui l'envisage comme une cause d'aggravation de la pénalité (art. 56 à 58), obéit à des règles fort strictes. Elle suppose en effet que la seconde infraction, celle qui constitue le second terme de la récidive, n'a été commise qu'après répression de la première : il faut que le récidiviste ait déjà été condamné et que cette condamnation soit sinon exécutée, au moins exécutoire et inattaquable.

Ce qui établit chez le délinquant une culpabilité spéciale, motivant l'aggravation de la peine, c'est le fait d'avoir méconnu l'avertissement qui lui avait été donné par la justice. Tant qu'il n'a pas été condamné, il a pu compter sur l'impunité; tant que la condamnation n'est pas devenue définitive, il a pu ne pas y avoir égard, conserver l'espoir de la faire réformer. En somme, le législateur a escompté l'effet d'intimidation que produit sur le délinquant la prononciation de la peine. Mais si le châtiment a été inutile, si l'effet d'intimidation ne s'est pas produit, s'il y a eu rechute, ce fait révèle chez le coupable une incorrigible perversité; dès lors le juge est autorisé à sévir contre lui. « En thèse générale, l'auteur du délit ignore s'il est coupable aussi longtemps que l'autorité judiciaire ne l'a pas déclaré par une décision judiciaire inattaquable; car on ne peut le considérer comme un malfaiteur incorrigible, rebelle au châtiment, qu'autant qu'il a déjà été l'objet d'une condamnation. Nos anciens docteurs formulaient déjà cette règle : *alias sine tali punitione reiterando delictum non possit dici incorrigibilis* (1).

Ces principes bien établis, la question qui se pose est la suivante : la loi de 1885 a-t-elle organisé, à côté de la récidive du Code pénal, une récidive nouvelle obéissant à des règles distinctes? N'y a-t-il pas depuis 1885 une récidive de relégation d'une application à certains égards plus rigoureuse, à d'autres égards plus large que la récidive ancienne? Pratiquement, il s'agit de savoir si, pour constituer un des termes de la récidive de relégation, il faut qu'une condamnation soit devenue définitive avant que ne soit commise et a fortiori punie l'infraction qui va constituer le terme suivant.

On fait valoir que le législateur dans l'art. 4 emploie le mot « récidivistes » et qu'il ne peut l'avoir fait par inadvertance. S'il s'est servi de ce terme intentionnellement, il ne peut lui avoir donné d'autre acception que celle admise traditionnellement par les jurisconsultes.

Il est vrai qu'il attache à la récidive certaines conséquences nouvelles; il énumère limitativement les hypothèses dans lesquelles elle entraîne la relégation; et alors, adoptant une classification originale, il a répudié les distinctions complexes du Code pénal. Ainsi en matière de récidive de relégation il n'exige pas une gradation dans la

(1) L. Sarrut, note *D. P.* 1887. I. 147.
Cf. : Chauveau et Hélie, *Théor. du C. pén.*, t. I, n° 204.
Blanche, *Etud. pratiq. sur le C. pén.*, t. I, n°s 441 et suivants.
Normand, *Traité de Droit crim.*, n°s 440, 454, 455, 1° et 2°.
Dalloz, *C. pen. annoté*, art. 56, n°s 22 et suivants.

criminalité : les condamnations comptent par elles-mêmes indépendamment du rang qu'elles occupent les unes par rapport aux autres (art. 4 : « dans quelque ordre que ce soit »). Il ne distingue donc pas, comme dans les art. 56 et s., la récidive de crime à crime, de crime à délit, de délit à délit. Ce n'est pas tout, il se montre plus rigoureux que le Code pénal en exigeant pour qu'il y ait récidive de relégation, que les diverses infractions soient commises dans un délai de dix ans, déduction faite de la durée des peines subies.

Mais ces différences n'altèrent pas, dit-on, le trait distinctif de la récidive qui est l'existence antérieurement à la nouvelle infraction d'une condamnation définitive. Dans le silence de la loi et en l'absence de toute disposition précise des textes, les règles générales en matière de récidive doivent reprendre leur empire (1).

Telle n'est pas notre opinion. Il nous semble que les règles nouvelles admises par la loi altèrent si profondément le caractère de la récidive de relégation qu'on ne peut lui appliquer dans le silence de la loi les règles générales du Code pénal. Le système du Code pénal se fonde sur une idée à coup sûr discutable, à savoir : que la culpabilité du délinquant qui commet plusieurs infractions successives ne s'aggrave qu'autant qu'il a méconnu l'avertissement résultant pour lui d'une condamnation définitive. Tant qu'il n'a pas été condamné, il ne s'est pas cru coupable ; ses infractions successives ne prouvent pas une conscience perverse.

Ce système prête à la critique. Le délinquant qui a

(1) Garraud, t. II, nº 205 ; — L. Sarrut, n[te] *D. P.* 1887, I. 145 ; — Garçon, *Journal de Droit criminel*, 1885, pp. 289 et 290 ; — Laborde, journal *la Loi*, 19 février et 23 mai 1886 ; — Jambois, *Code de la relégation*, p. 62.

atteint l'âge de la pleine et entière responsabilité se rend un compte exact de la criminalité de ses actes ; s'il n'en saisit pas pleinement l'immoralité parce que chez lui le sens moral est atrophié, au moins se rend-il compte de leurs conséquences possibles au point de vue de la loi positive. S'il réitère son infraction, il se met en révolte contre la loi sociale. Point n'est besoin d'avoir été condamné pour être un professionnel du crime. Cet effet d'intimidation qu'escompte la loi pénale, ce n'est pas quand la condamnation est prononcée qu'il se produit, c'est surtout avant. Ce sont ceux qui n'ont jamais connu la prison qui la redoutent surtout ; les délinquants qui y sont entrés une fois ne craignent pas d'y rentrer.

La loi de 1885, qu'on ne l'oublie pas, a eu pour but de suppléer à l'insuffisance de la récidive du Code pénal, qui n'avait en rien contribué à arrêter les progrès incessants de la criminalité. Elle s'est nécessairement inspirée d'autres principes, d'autres théories pénales et nous savons qu'elle est partie de l'idée qu'il fallait à tout prix débarrasser la métropole des « professionnels du crime » qui l'encombraient. Or, il s'agit de gens incorrigibles sur lesquels les condamnations, le législateur le savait, ne produisent aucun effet ; dès lors, à quoi bon exiger qu'une infraction ait été réprimée avant que l'infraction suivante se soit produite.

Ce serait du reste le plus souvent illogique à ne raisonner que dans la théorie du Code pénal. Le plus souvent en effet les divers coefficients de la récidive de relégation seront nombreux. Supposons-en quatre A, B, C, D. L'infraction B a été commise avant qu'une condamnation n'ait frappé le délinquant pour l'infraction A ; mais lorsque l'infraction C a été commise, le récidiviste avait deux condamnations à son actif, l'une pour l'infraction A, l'autre pour l'infraction B. Il avait donc reçu un double avertissement et il l'a méconnu. Logiquement, il faut dire que sa culpabilité s'en trouve accrue, qu'elle est plus grande que s'il avait encouru une seule condamnation et reçu par suite un seul avertissement.

Concluons: pour qu'il y ait *récidive* de relégation, la loi n'exige pas que tous les termes de la récidive soient séparés par des condamnations devenues définitives (1).

Cette doctrine avait été tout d'abord adoptée par la Cour Suprême. La chambre criminelle de la Cour de cassation, en 1886, avait décidé qu'étant donnés les termes absolus de l'art. 4 de la loi du 27 mai 1885 qui frappe tous ceux qui, dans un intervalle de dix ans, ont encouru un certain nombre de condamnations, le mot « *récidivistes* » inséré dans cet article ne devait pas être entendu dans le sens strict que lui donne le Code pénal et qu'en conséquence il fallait compter, en vue de la relégation, même la condamnation prononcée pour un fait antérieur à la condamnation précédente (2).

Dans les espèces prévues par les arrêts des 12 novembre et 18 novembre 1886, le casier judiciaire des prévenus révélait l'existence de diverses condamnations, toutes afférentes à des infractions commises avant qu'aucun des jugements n'eût acquis l'autorité de la chose jugée. Il y avait donc eu réitération de délits et non récidive au sens

(1) *Sic* : A. Desjardins, journal *le Droit*, 27 janvier 1886 et 4 juille 1889; — Paul Berton, *Code de la Relégation*, n° 223 ; — Ch. Berteau, journal *la Loi*, 28 juillet 1889; — E. Tesseire, pp. 171 et suivantes.

(2) Cr. Cass. 12 novembre 1886, 18 novembre 1886. *D. P.* 1887.1. 145. *Sir.* 1887. 1. 45; — Cr. Cass., 8 juillet 1887. *D. P.* 1888. 1. 187.

du Code pénal. Or, la Cour, tenant compte de la simple réitération des infractions, prononça la relégation. M. le conseiller Sevestre disait dans son rapport : « Ce qui ressort d'une manière très nette et très explicite de ce texte (art. 4), c'est que c'est le nombre et la nature des *condamnations encourues*, et non le nombre des *peines subies*, qui déterminent la situation légale de chaque prévenu au point de vue de la relégation... Cette loi a été inspirée avant tout, et par-dessus tout, dans un intérêt de sécurité publique et de préservation sociale. Justement préoccupé des dangers que faisait courir à la société la présence dans son sein de malfaiteurs incorrigibles, le législateur, procédant par voie de présomption légale *juris et de jure*, a considéré comme devant être relégués tous ceux à la charge desquels serait judiciairement établie la preuve d'un certain nombre de faits criminels ou délictueux, d'après les distinctions déterminées dans les divers paragraphes de l'art. 4. Cette loi a donc été faite dans l'intérêt de la société contre les malfaiteurs, et nullement dans l'intérêt de ces derniers, dont la situation légale au point de vue de la relégation est déterminée par des points matériels toujours faciles à vérifier : à savoir le nombre et la nature des condamnations encourues, dans quelque ordre que ce soit, dans un intervalle de dix ans de liberté... Cette interprétation restrictive du mot *récidiviste* dans la loi du 27 mai 1885 nous paraît en contradiction complète avec les intentions du législateur. Il s'est si peu préoccupé de la récidive légale telle qu'elle est tracée par le Code pénal, et il a si peu voulu donner au mot *récidiviste* le sens étroit d'un individu étant en état de récidive légale, qu'aux termes des §§ 2, 3 et 4 de l'art. 4 la relégation peut résulter de condamnations à trois ou quatre mois de prison et même de peines moindres (1), et qu'elle peut être prononcée contre les individus n'ayant jamais été en état de récidive légale. Le mot *récidiviste* a donc ici un sens beaucoup plus vaste et plus général. Il vise tous ceux qui, par la réitération de leurs méfaits et par le nombre des condamnations encourues à raison de ces méfaits, sont considérés comme malfaiteurs incorrigibles et dangereux. »

Cette thèse, qui a longtemps prévalu devant la chambre criminelle de la Cour de cassation (2), a été condamnée définitivement en 1889 par un arrêt solennel de la Cour de cassation toutes chambres réunies (Cass., 26 février 1889. D. P. 1889. I. 485). Peut-être en faut-il voir la raison dans ce fait que la relégation n'avait pas donné ce qu'on attendait d'elle. Elle commençait à être vue avec défaveur par la magistrature ; on cherchait donc à en restreindre, dans la mesure du possible, les cas d'application.

Quoi qu'il en soit, la jurisprudence de la chambre criminelle depuis cette époque n'a pas varié ; elle est toujours restée conforme à l'arrêt du 26 février 1889. Les décisions en ce sens sont très nombreuses (3).

(1) Au moment où M. le conseiller Sevestre faisait son rapport, la récidive en matière de courtes peines n'existait pas encore. Elle n'a été introduite que par la loi du 26 mars 1891.

(2) Aux décisions déjà citées, aj. : Cr. Cass., 8 juillet, 8 septembre, 1er décembre 1887 ; *Bullet. crim.*, nos 262-328-411 ; — Cr. Cass., 8 juin 1888. *D. P.* 1889. I. 484.

(3) Cr. Cass., 16, 21 et 29 mars, 4 avril, 16 mai, 29 août 1889. *D. P* 1889. I. 485. — Cr. Cass., 3 janv., 8 mars, 1er mai, 28 juin, 31 juillet, 21 août 1890, *Bull. cr.*, nos 6, 51, 95, 141, 163, 178 ; pp. 7, 78, 145, 218, 258, 281. — Cr. Cass., 17 sept. 1891, *Bull. cr.*, no 188, p. 321. — Cr. Cass., 25 mars, 14 mai, 17 juin, 16 juillet, 5 novembre (2 arrêts) 1892, *Bull. cr.*, nos 86, 143, 188, 209, 212, 270 ; pp. 137, 235, 309, 339, 344, 443. — Cr. Cass., 25 février, 23 mars, 13 avril, 17 juin, 31 août, 21 septembre, 26 octobre 1893, *Bull. cr.*, nos 51, 85, 99, 160, 248, 265 ; pp. 75, 120, 142, 247, 377, 401, 402. — Cr. Cass., 16 février, 15 mars, 16 novembre 1894, *Bull. cr.*, nos 49, 70, 280 ; pp. 72, 106, 436, 437. — Cr. Cass., 19 janvier 1895.

On applique à la récidive de relégation les règles de la récidive du Code pénal; la simple réitération de délits ne suffit plus : il faut, pour qu'une condamnation puisse former un terme de la récidive, qu'elle réprime une infraction commise après une précédente condamnation devenue définitive.

Quelles raisons juridiques invoque la Cour de cassation à l'appui de son système? Elle fait valoir dans l'arrêt du 26 février 1889 que : « si la loi du 27 mai 1885 sur les récidivistes s'est écartée des conditions spéciales énumérées aux art. 56 à 58 du C. pén., elle a néanmoins maintenu le principe supérieur en vertu duquel on ne saurait être en état de récidive qu'après l'avertissement résultant d'une condamnation antérieure. » — « Le texte de la loi ne contient aucune dérogation au système général de la récidive, si ce n'est que pour l'application de la relégation l'ordre des condamnations importe peu; d'où l'on peut tirer cet argument *a contrario* que, sauf cette exception, la loi n'a pas voulu apporter d'autres innovations à la récidive. »

On fait valoir, en outre, que le système adopté tout d'abord par la chambre criminelle conduit à des conséquences inadmissibles. Si toute condamnation, sans distinction aucune, doit faire partie du total mathématique d'où découlera la relégation, cette peine dépendra le plus souvent du hasard, ou sera à la merci du plus ou moins d'activité du juge d'instruction. Ceci même est contraire à la volonté du législateur qui a fait de la relégation une peine obligatoire pour éviter tout danger d'arbitraire de la part du juge.

D. P. 1896. I. 271 et suiv. (avec plusieurs autres décisions rapportées et note de M. Sarrut).

On critique surtout une autre conséquence de notre système. Un individu pourra, dit-on, contrairement à toutes les règles du droit et de l'équité, être déclaré récidiviste et condamné à la peine de la relégation pour le premier délit qu'il a commis, s'il n'est poursuivi à raison de ce délit qu'après avoir subi les autres condamnations exigées par la loi. La critique est sérieuse, mais elle ne porte qu'autant qu'on admet les prémisses posées par la jurisprudence, à savoir : que la multiplicité des infractions ne suffit pas pour qu'il y ait récidive au sens de la loi de 1885.

Quelles sont les conséquences du système consacré par la Cour de cassation ? Il faut tout d'abord que la dernière condamnation, celle qui prononce la relégation, intervienne pour une infraction postérieure à l'époque où les précédentes condamnations sont devenues définitives. Ce n'est pas tout : la récidive légale doit exister de condamnation à condamnation, dans l'ordre successif de chacune d'elles; il faut qu'entre chacun des faits poursuivis le prévenu ait été averti par un jugement définitif. Prenons un exemple pour mieux faire comprendre notre pensée. Soient quatre condamnations A, B, C, D : on exigera que la condamnation B ait été prononcée pour une infraction postérieure à la condamnation A, la condamnation C pour un fait postérieur à la condamnation B, et ainsi de suite.

Dans le cas de condamnations confondues à raison du non-cumul des peines (art. 365 C. instr. crim.), la Cour de cassation admettait que, le prévenu n'en ayant pas moins encouru deux condamnations distinctes pour deux délits distincts, chacune d'elles devait être comptée en vue de la relégation (1).

(1) Cass., 12 novembre 1886. *D. P.* 1887. I. 455; — Cass., 13 juillet 1888. *D. P.* 1888. I. 445; — Cass., 9 août 1888. *D. P.* 1889. I. 121.

Cette jurisprudence se comprenait en partant du premier système d'interprétation de l'art. 4. Elle est inconciliable avec le système qui prévaut depuis l'arrêt du 26 février 1889. La confusion des peines n'est en effet autorisée qu'autant que le dernier crime ou délit est antérieur à l'époque où la première condamnation est devenue définitive (1). Il y aurait donc contradiction à admettre, d'une part, que les deux condamnations dont les peines sont confondues comptent pour la relégation et à exiger, d'autre part, des condamnations définitives entre chaque infraction.

La Cour de cassation ne s'est sans doute pas expliquée d'une manière bien nette sur ce point en 1889. Cependant, il semble bien qu'elle ait répudié cette théorie et que, par application des principes sur la récidive, elle ne compte que pour une unité deux condamnations dont les peines ont été confondues. Elle exige en effet que les jugements qui appliquent la peine de la relégation indiquent, pour être suffisamment motivés, si les peines prononcées ont été ou non confondues. Cette indication serait inutile si les peines confondues devaient compter séparément pour la relégation.

Tel est, dans sa logique, le système de la Cour de cassation. Certains en admettent le point de départ, mais en contestent les conséquences rigoureuses. Sans doute, en principe, il n'y a récidive que dans le cas d'une rechute après une condamnation définitive; mais, d'après ces auteurs, il suffit que les deux, trois ou six condamnations qui constituent le premier terme de la récidive soient

(1) Cass., 17 décembre 1857. *D. P.* 1858. I. 96; — Cass., 8 juin 1882. *D. P.* 1882. I. 480; — Cass., 23 août 1888. *D. P.* 1889. I. 124.

toutes, *in globo*, antérieures à la nouvelle infraction, sans qu'on ait à rechercher si la récidive légale existe de condamnation à condamnation dans l'ordre successif de chacune d'elles. En d'autres termes, si l'on suppose quatre condamnations A, B, C, D, il suffira que la condamnation D qui entraîne la relégation soit postérieure aux trois autres condamnations A, B, C. On ne se préoccupe donc pas de l'ordre des infractions antérieures par rapport à ces trois condamnations ; c'est qu'au moment où l'infraction D est commise, le délinquant avait en fait reçu un triple avertissement (1).

Pratiquement, ce système nous semble très satisfaisant. En logique, il est très critiquable. Si l'on adopte les prémisses du système de la jurisprudence, si l'on admet que la récidive de relégation obéit, en principe, aux règles du Code pénal, il faut en conclure que ces règles s'appliquent, sans distinctions, aux délits successifs qui constituent les divers termes de la récidive ; ils doivent être, tous, séparés par des condamnations devenues définitives.

Les tribunaux ne distinguent pas d'ailleurs entre les condamnations contradictoires et les condamnations par défaut ; ils exigent seulement que chaque condamnation soit devenue définitive au moment où l'infraction subséquente est commise. Cependant la Cour de Lyon (2) a dé-

(1) L. Sarrut, arrêt du 26 février 1889.

(2) Arrêt du 10 août 1891 *D. P.* 1892. II. 400.

Le tribunal de Mauriac s'est prononcé dans une affaire analogue par un jugement du 6 décembre 1893 ; mais la question se compliquait d'une controverse sur les effets du défaut correctionnel. — Lorsque le jugement par défaut a été signifié non à la personne du condamné, mais à son domicile (ou à la mairie ou au parquet suppléant son domicile), on décide en général que la condamnation ne devient définitive qu'à l'expiration du délai de cinq ans. Mais une autre théorie a été proposée. Le jugement valablement signifié

cidé qu'il fallait que le prévenu ait eu connaissance de la condamnation définitive qui le frappait au moment où il se rendait coupable d'une nouvelle infraction. Cette solution est contraire aux principes. Lorsqu'une condamnation par défaut est devenue définitive, c'est-à-dire après l'expiration du délai d'opposition, cinq jours si la signification a été faite directement au condamné, ou du délai fixé pour la prescription de la peine, cinq ans, si la notification a eu lieu au parquet (art. 187 et 636 C. instr. cr.), cette condamnation définitive est présumée connue du condamné. Exiger en fait la preuve qu'il en a eu spécialement connaissance, c'est ajouter à la loi.

Il faudrait donner une solution identique au cas de condamnation criminelle par contumace. Elle comptera pour la relégation si la peine est prescrite, c'est-à-dire s'il s'est écoulé vingt ans depuis la condamnation, qui devient alors irrévocable.

Il est assez difficile de s'expliquer pratiquement comment cette condamnation par contumace devenue définitive après vingt ans pourrait compter pour la relégation,

deviendrait définitif le onzième jour; mais jusqu'à l'expiration du délai de cinq ans il se trouve affecté d'une condition résolutoire. — On voit l'intérêt de la controverse lorsqu'il s'agit de déterminer si une condamnation peut compter pour la relégation. Il faut que cette condamnation soit prononcée pour une infraction commise alors que la précédente condamnation était devenue définitive. Mais à quelle époque est-elle devenue définitive? — Ce serait excéder les limites de notre travail que d'approfondir cette controverse sur les effets du jugement par défaut. Qu'il nous suffise de la signaler.

(Cf. Rougier, *Traité des jugements par défaut*, n°s 123 et suivants; — Zeglicki, *Rev. crit. 1896*, pp. 174 et suivantes.)

Le tribunal de Mauriac, adoptant en somme la théorie consacrée par la Cour de Lyon, a décidé que le récidiviste ne pouvait être relégué sans avoir été chaque fois expressément averti du risque qu'il courait. La condamnation par défaut, n'ayant pas été portée directement à sa connaissance, ne pouvait compter pour la relégation. La Cour de Riom, sur appel du ministère public, a confirmé le jugement du tribunal correctionnel par arrêt du 3 janvier 1896.

la loi de 1885 exigeant en effet que les condamnations successives qui forment les divers termes de la récidive aient été encourues dans le délai de dix ans, non comprise la durée des peines subies (art. 4).

§ 2

Du délai décennal.

Rappelons brièvement les motifs de cette disposition : nous les avons déjà signalés. Le législateur n'a entendu frapper que les délinquants incorrigibles. Or, on ne peut dire qu'un coupable est incorrigible qu'autant qu'il commet des infractions successives très rapprochées. Si après avoir été condamné et avoir subi sa peine, il reste plusieurs années sans faute, il y a tout lieu de croire qu'il s'est repenti, que l'avertissement reçu lui a été profitable.

Si l'on s'accorde sur ces idées générales, on ne s'entend guère sur l'interprétation du texte lui-même. Comment calculer le délai décennal dont parle l'art. 4 ; quel point de départ lui assigner? Comment tenir compte de la durée des peines subies? Autant de difficultés fort ardues qu'il ne faut pas laisser sans solutions.

Il est évident tout d'abord que le point de départ du délai ne saurait être fixé arbitrairement en arrière. Il n'est pas nécessaire que dans l'existence du prévenu se trouve une période de dix ans réunissant le nombre de condamnations exigé par la loi. On ne calculera donc pas en descendant le cours des délits et des condamnations successives, mais en le remontant. Le point initial ne peut être que l'événement le plus rapproché, le dernier terme de la récidive.

Mais on hésite entre la dernière condamnation, celle qui doit entraîner la relégation, et l'infraction qui l'a provoquée. Auquel de ces deux faits s'attacher de préférence? A s'en tenir au texte de la loi, le point de départ du délai décennal devrait être la condamnation qui prononce la relégation. Il faut que les condamnations énumérées par la loi aient été encourues dans le délai légal, et la condamnation dernière est au même titre que les autres un élément nécessaire de la *récidive*.

Les auteurs reconnaissent volontiers que cette solution est illogique (1). Du moment que le prévenu a encouru le nombre légal de condamnations, moins une, il sait fort bien qu'en commettant une nouvelle infraction il s'expose à la relégation. C'est en réalité cette dernière infraction qui le constitue en état de récidive et non pas la condamnation qui ne fait qu'en constater officiellement la nature et la gravité.

Nous ajoutons que cette solution conduit à des résultats fâcheux en pratique. Il dépendra du hasard, ou même de la volonté du juge d'instruction, que le prévenu encoure ou non la relégation. Que le délit soit commis par exemple le 1er mai 1896; le délai de dix ans expire, nous supposons, six mois après le 1er novembre. Suivant que l'instruction de l'affaire aura été menée plus ou moins vite, le parquet plus ou moins diligent à poursuivre, la condamnation dernière sera antérieure ou postérieure au 1er novembre. Dans un cas, la relégation sera prononcée ; elle ne le sera pas dans l'autre.

Ce danger d'arbitraire a certainement influé sur la jurisprudence. La Cour de cassation admet d'une manière

(1) Garraud, *Traité*, t. II, n° 204-2°; -- Normand, *Traité élém.*, n° 470.

constante que le point de départ du délai doit être la dernière infraction commise (1).

Considérons cette solution comme fondée et recherchons comment doit se faire le calcul. Le point de départ du délai doit permettre aisément d'en fixer le terme. Il suffit de remonter de dix ans en arrière ; c'est-à-dire que si la dernière infraction est commise le 1er avril 1897, le délai expire le 1er avril 1887. Si, dans la période ainsi limitée, le délinquant a subi le nombre de condamnations fixé par la loi, on appliquera sans difficulté la relégation. Le calcul est terminé.

Mais les choses ne se passeront pas toujours aussi simplement. Le nombre des condamnations requis par la loi n'est pas atteint dans la période de dix ans ainsi limitée, mais les dix ans ne correspondent pas en fait à dix ans de liberté, le délinquant ayant subi pendant ce temps des peines privatives de liberté. Il y a lieu par suite de prolonger d'autant en arrière le délai légal. Il expirait dans notre hypothèse le 1er avril 1887 ; donc, si la durée des peines privatives de liberté qu'a subies le récidiviste a été au total de trois ans, la période décennale remontera au 1er avril 1884. Il s'agit alors de savoir si les condamnations encourues du 1er avril 1884 au 1er avril 1887 complètent le total exigé par la loi. Si oui, on s'en tiendra là, le calcul est fini ; sinon, il peut y avoir lieu de pousser l'opération plus loin.

Il se peut en effet que dans ces trois années le récidi-

(1) Crim. Cass., 11 mars 1886. *D. P.* 1886. I. 138. — 16 avril 1886 et 28 mai 1886. *D. P.* 1886. I. 228. — 10 juillet 1886. *D. P.* 1886. I. 478. — 9 septembre 1886. *D. P.* 1890. I. 89. — 4 février 1887 et 19 février 1887. *D. P.* 1887. I. 234. — 4 août 1887. *D. P.* 1890. I. 92. — 22 février 1889. *D. P.* 1890. I. 93. — 28 juillet 1894. *D. P.* 1896. I. 271 et suiv. (note de M. L. Sarrut).

viste n'ait pas été absolument libre ; qu'il ait subi une peine d'emprisonnement d'une année. Alors si l'on envisage la période décennale déjà prolongée : 1er avril 1897 au 1er avril 1884, il est certain qu'elle ne correspond pas comme l'exige la loi à dix années de liberté ; il faut encore l'allonger d'une année, c'est-à-dire de la durée de l'emprisonnement subi de 1884 à 1887. On cherchera de nouveau si dans la période décennale ainsi allongée du 1er avril 1897 au 1er avril 1883 le nombre légal de condamnations s'est trouvé atteint. Si la réponse est négative, il y aura lieu de continuer encore le calcul et de rechercher s'il ne faut pas encore allonger le délai en tenant compte de la durée des peines privatives de liberté subies dans le courant de l'année 1883. — En somme, on fera des additions successives et l'on ne s'arrêtera qu'au moment où l'on aura atteint le total de dix ans de liberté. Toute condamnation qui sera en dehors de la période décennale, ainsi définitivement limitée, ne comptera pas pour la relégation (1).

La Cour de cassation ne suit pas rigoureusement cette méthode. Elle emploie des méthodes de calcul très diverses et qui n'ont rien de la rigueur scientifique. En général, elle totalise les peines subies d'après les condamnations visées par les décisions attaquées et recherche si l'on peut, en ajoutant ce total au délai de dix ans, atteindre la plus ancienne des condamnations. Nous prenons un exemple emprunté à la jurisprudence (ch. crim., 1er juillet 1893). Dans l'espèce, la date du dernier délit était le 21 octobre 1892. La période décennale normale expirait le 21 octobre 1882. Une condamnation du 27 octobre 1883

(1) Sarrut, note. *D. P.* 1896. 1. 271.

à 18 mois de prison fait reculer la période jusqu'au 21 avril 1881. La condamnation du 3 avril 1873 à huit ans de prison est en dehors de la période décennale : 21 octobre 1892-21 avril 1881 ; elle n'y rentre pas davantage par l'exécution de la peine (3 avril 1873-3 avril 1881). L'arrêt décide cependant que le point de départ ou plutôt d'arrêt de la période décennale remonte au 21 avril 1873 et pour cela il totalise les deux condamnations, ce qui est un procédé de calcul défectueux, puisque la seconde n'empiète pas sur le délai légal de dix ans de liberté.

Quoi qu'il en soit, le système de computation que nous avons adopté appelle deux observations.

Il est bien entendu, tout d'abord, qu'on ne s'attache qu'à la durée de la peine subie ; mais jusqu'à preuve contraire, la peine prononcée est censée avoir été intégralement subie.

Nous avons toujours supposé qu'il suffisait que la condamnation la plus ancienne, celle qui constitue le premier terme de la récidive, fût comprise dans la période décennale. C'était admettre implicitement que, si le délit qui a motivé la condamnation n'était pas lui-même compris dans la période, la relégation n'en serait pas moins encourue.

Cette solution est-elle logique? A coup sûr, si l'on décide avec le texte de la loi que le point de départ du délai décennal est la condamnation qui prononce la relégation. — Mais si l'on admet que ce point de départ est le dernier délit, il semble qu'il faille ne prendre en considération que le délit le plus ancien et exiger qu'il soit compris dans la période. On éviterait ainsi tout danger d'arbitraire, toute influence du hasard ; il est clair que, selon la promptitude plus ou moins grande avec laquelle les poursuites seront intentées, l'affaire instruite ou jugée, la condamnation pourra se trouver en dehors des limites légales, ou, au contraire, y être comprise.

On aurait tort cependant de taxer à cet égard d'illogique la théorie de la jurisprudence. Elle est conforme à la volonté du législateur qui est que le récidiviste ne soit réputé incorrigible qu'autant qu'il a méconnu un certain nombre d'avertissements (1); or, il n'y a d'avertissement qu'après une première condamnation. Lorsque le délinquant commet la dernière infraction, celle qui doit entraîner pour lui la relégation, sa déchéance morale est irrévocablement prouvée; le jugement qui réprime cette infraction et prononce la peine de la relégation n'ajoute rien à cette preuve.

SECTION III

DES CATÉGORIES D'INFRACTIONS VISÉES PAR LA LOI

Nous avons déterminé déjà la nature des condamnations qui devaient compter pour la relégation, l'ordre et les délais dans lesquels elles devaient avoir été encourues; nous devons rechercher quel en doit être le nombre.

C'est ce que les divers commentaires de la loi de 1885 et les traités généraux de droit pénal appellent l'étude des quatre cas de relégation. C'est une étude en elle-même fort compliquée; nous l'avons simplifiée dans la mesure du possible en en séparant nombre de controverses parasites que nous avons tranchées par avance.

(1) C'est au moins ainsi que la Jurisprudence interprète la loi.

Il est évident, *a priori*, que plus les condamnations encourues par un récidiviste sont graves, moins il en faut pour entraîner la relégation. Le législateur s'est avant tout préoccupé de la moralité ou de l'immoralité du délinquant. Est-ce un être définitivement perverti, qui ne peut s'adapter au milieu, se soumettre aux lois sociales, est-ce en d'autres termes un être qui ne peut être reclassé, qui ne peut reprendre sa place dans la société ? il faut alors l'éliminer. Mais c'est chose délicate que décider si un coupable peut ou non être reclassé. Les diverses condamnations qu'il a encourues prouveront le degré de perversion morale où il en est rendu ; chacune d'elles pourra donc être envisagée comme un coefficient arithmétique de la démoralisation du récidiviste. Ce coefficient sera toujours le même pour une même condamnation ; il sera différent pour des condamnations différentes. Mais il suffira, dans tous les cas, pour que la relégation soit encourue, que la somme des coefficients atteigne un certain chiffre.

La loi de 1885 n'a certainement pas procédé ausssi rigoureusement en la forme ; au fond, elle s'est inspirée de ce mode de calcul. Nous allons le constater en étudiant les quatre cas de relégation.

§ 1er

Premier cas de relégation (art. 4, § 1er)

Le premier cas de relégation suppose deux condamnations aux travaux forcés ou à la réclusion.

Il s'agit en somme de deux condamnations à des peines criminelles, pour faits qualifiés crimes. Le coefficient attaché par la loi à chaque condamnation est ici fort élevé :

chaque condamnation compte pour 50 p. 100 du chiffre total.

Nous avons déjà vu que l'expression travaux forcés pouvait s'entendre aussi bien d'une condamnation aux travaux forcés à perpétuité que des travaux forcés à temps; seulement la relégation ne saurait être prononcée en même temps que la peine des travaux forcés à perpétuité, qui est toujours censée devoir être intégralement subie. La condamnation aux travaux forcés à perpétuité ne pourra donc jamais être que le premier terme de la récidive.

Quant à la peine de la réclusion elle peut indifféremment résulter de la première condamnation ou être appliquée par l'arrêt qui prononce la relégation.

C'est cependant un point contesté. Il faut tenir compte en effet de l'art. 56 du C. pénal. Nous sommes en présence d'un récidiviste déjà condamné une première fois à une peine afflictive et infamante, peut-il être condamné pour un second crime à la réclusion ? Il semble que non : « quiconque ayant été condamné à une peine afflictive ou infamante aura commis un second crime emportant.......... la peine de la réclusion, (il) sera condamné à la peine des travaux forcés à temps » (art. 56 du C. pén.). Donc de deux choses l'une : ou le second crime emporte les travaux forcés à temps : le récidiviste sera alors condamné au maximum de la même peine qui pourra même être élevé jusqu'au double, — ou le second crime emporte la réclusion, et alors la peine sera celle des travaux forcés à temps. On en conclut que le second crime ne sera jamais puni que d'une seule peine, celle des travaux forcés à temps, pouvant aller, suivant les cas, de cinq ans au moins à quarante ans au plus.

Cependant il est possible que, malgré l'état de récidive,

le second crime ne soit puni que de la réclusion. Il suffit de supposer que le condamné a obtenu le bénéfice des circonstances atténuantes, dont l'effet est de faire abaisser la peine d'un degré, et même, facultativement pour la Cour, d'un deuxième degré. Donc si la peine était celle des travaux forcés à temps à raison de l'aggravation résultant de la récidive, elle sera abaissée à la réclusion.

Mais nous supposons pour faire ce calcul qu'on n'atténue la peine à raison des circonstances atténuantes qu'après l'avoir aggravée à raison de la récidive : c'est la solution la plus généralement reçue par les criminalistes (1) et celle qui prévaut en jurisprudence.

Il convient toutefois d'observer que le système inverse a été soutenu. On a prétendu qu'il fallait atténuer la peine avant de l'aggraver. Cette méthode conduit à des résultats très différents : nous n'avons pas à y insister, car pratiquement on arrive toujours à cette conséquence que le second crime peut n'être puni que de la réclusion.

§ 2

Deuxième et troisième cas de relégation (art. 4, §§ 2 et 3).

Ici la récidive prévue par la loi n'est pas la récidive simple, comme dans l'hypothèse précédente, c'est la récidive habituelle qui suppose plus de deux infractions successives.

Dans le second cas de relégation, la loi suppose trois termes constitutifs de la récidive.

a) *une* des condamnations énoncées au paragraphe précédent.

(1) Normand *Traité élémentaire*, n° 576-3°.

b) *deux* condamnations :

1° soit à l'emprisonnement pour faits qualifiés crimes ; 2° soit à plus de trois mois de prison pour : vol, escroquerie, abus de confiance, outrage public à la pudeur, excitation habituelle des mineurs à la débauche, vagabondage et mendicité par application des art. 277 et 279 du Code pénal.

En somme, le législateur suit une gradation descendante. Il pose en principe que *deux* condamnations du § 2 en valent *une* du § 1er. Si l'on donne aux condamnations du § 1er pour coefficient 50, celles du § 2 seront représentées par 25, le chiffre à atteindre pour que l'individu soit relégable restant toujours le même, c'est-à-dire 100. Il semble bien résulter de là ce que nous affirmions au début, à savoir : que le législateur a rapproché les diverses condamnations en fixant une commune mesure qui leur soit applicable à toutes.

Nous avons déjà résolu par avance la plupart des difficultés auxquelles peut donner lieu ce second cas de relégation. Nous avons vu dans quelles hypothèses un crime pouvait être puni de peines d'emprisonnement : cas de circonstances atténuantes, cas d'excuses atténuantes, provocation, minorité de seize ans. Quant au point de savoir ce que sont le vol ou l'escroquerie dont parle le § 2, des difficultés peuvent s'élever : nous les avons également tranchées. L'expression de vol doit toujours être prise au sens juridique, c'est-à-dire « soustraction frauduleuse de la chose d'autrui » ; d'autre part, il nous semble certain que les délits prévus par les art. 406 et 409 du C. pén. ne rentrent pas dans la notion de l'abus de confiance.

Le troisième cas de relégation comprend *quatre* condamnations, soit à l'emprisonnement pour faits qualifiés crimes, soit à plus de trois mois d'emprisonnement pour les délits spécifiés au § 2.

Le législateur continue d'appliquer ici son même mode de calcul. Nous avons attribué aux condamnations visées par le § 2 et le § 3 le coefficient 25; il en faut 4 pour former le chiffre total 100, nécessaire pour que la relégation soit encourue.

Reste une dernière difficulté, dans le cas où une peine unique est prononcée à raison de plusieurs délits.

Il faut écarter tout d'abord les cas non douteux.

Les deux infractions concomitantes sont punies successivement; mais le juge qui prononce la dernière condamnation décide, conformément à l'art. 365 du Code d'Instr. crim., que les peines seront confondues jusqu'à concurrence de la plus grave. Aucun doute ne peut s'élever : deux peines distinctes ont été prononcées; on connaît celle afférente à chaque délit.

Le juge statue par la même décision sur les deux infractions. Peut-il, en pareil cas, fixer distributivement la peine qui revient à chaque infraction pour décider ensuite que ces peines seront confondues jusqu'à concurrence de la plus forte? On l'a nié en présence du texte de l'art. 365 du C. d'Instr. crim. « en cas de conviction de plusieurs crimes ou délits, la peine la plus forte sera seule prononcée ». Cette disposition impérative ne veut pas dire autre chose que ceci : la condamnation ne pourra excéder la peine la plus forte, mais il ne peut y avoir de peine plus forte qu'autant que le juge a réprimé séparément chaque infraction. Nous serions disposés à croire que le juge ne peut même pas tenir secrète la répartition de la peine, car rien ne permet de savoir si la peine la plus forte a été réellement seule prononcée.

La pratique n'admet pas cette obligation pour le juge Notre solution lèverait cependant toutes controverses.

Lors même que le juge ne vise qu'une peine unique, il ne peut s'élever de difficulté lorsque cette peine est supérieure au maximum fixé par la loi pour l'une des infractions. M. Garraud présente à cet égard un raisonnement qui nous semble très critiquable : « Dans une condamnation à treize mois de prison pour vol et pour vagabondage, sept mois au moins appartiennent au vol, le maximum de l'emprisonnement pour vagabondage étant fixé à six mois. » Nous croyons plutôt que la condamnation à treize mois de prison est nécessairement encourue pour le vol, puisqu'elle ne peut l'être pour vagabondage ; c'est de deux peines la plus forte, celle qui par suite devait être prononcée seule. Il ne sera donc pas nécessaire, pour que la condamnation soit plus particulièrement imputable à l'un des délits et compte pour la relégation, qu'elle excède de trois mois le maximum fixé pour l'autre infraction ; il suffira qu'elle dépasse ce maximum.

La controverse se précise à notre sens dans les termes suivants. Une peine unique a été prononcée pour deux infractions et cette peine est inférieure au maximum légal pour l'une ou l'autre infraction. Va-t-on en tenir compte pour la relégation, à supposer qu'une seule des infractions puisse entraîner cette peine?

La jurisprudence de la Cour de cassation répond affirmativement, en disant que le doute s'interprète contre le prévenu. — On peut avec beaucoup plus de raison soutenir qu'il s'interprète en sa faveur et qu'on ne peut prononcer une peine complémentaire sur de simples indices et sans la preuve rigoureuse que toutes les condamnations légalement nécessaires sont réunies. Il est peut-être permis de résoudre le doute en partant d'un autre principe. Le maximum légal de peine peut être différent pour l'une et l'autre infraction. En pareil cas, il faut rapporter la condamnation prononcée à celui des délits que la loi considère comme le plus grave et pour lequel le maximum de la peine est le plus élevé (1).

§ 3

Quatrième cas de relégation (art. 4, § 4).

Ce dernier cas de relégation soulève des difficultés inextricables qui divisent en deux camps tranchés la jurisprudence et la doctrine.

Il comporte *sept* condamnations, « dont deux au moins prévues par les deux paragraphes précédents et les autres soit pour vagabondage, soit pour infraction à l'interdiction de résidence signifiée par application de l'art. 19 de la présente loi, à la condition que deux de ces autres condamnations soient à plus de trois mois d'emprisonnement ».

La loi ne frappe ici que des criminels moyens et parmi eux surtout une catégorie spéciale de criminels d'habitude, les vagabonds (1).

Est-elle bien conçue sur ce point? On pourrait penser

(1) Cf. Villey, note. Sir. 1886. II. 75. — Sarrut, note. *D. P.* 1886. II. 56.

(2) La loi assimile les « souteneurs » et les « bonneteurs » aux vagabonds. L'art. 4 *in fine* est ainsi conçu : « Seront considérés comme gens sans aveu et seront punis des peines édictées contre le vagabondage tous les individus qui, soit qu'ils aient ou non un domicile certain, ne tirent habituellement leur subsistance que du fait de pratiquer ou de faciliter sur la voie publique l'exercice de jeux illicites, ou la prostitution d'autrui sur la voie publique .»

que oui. Le vagabondage prouve une inertie de la volonté dangereuse pour la société : en éliminant les vagabonds la loi est donc dans la logique. Mais, en attendant sept condamnations, la loi ne saisit plus qu'une habitude trop invétérée; elle prend le vagabond à un moment où son expatriation est inutile puisqu'il n'est plus guère utilisable dans la colonie. D'autre part, pourquoi le vagabond commet-il des vols, des infractions graves qui le font considérer comme un être dangereux ? C'est qu'on n'a pas pris assez tôt contre lui des mesures de sûreté. N'est-il pas alors bien rigoureux d'employer contre lui une mesure telle que la relégation? Ne faudrait-il pas le placer immédiatement, dès les premiers faits de vagabondage, dans une maison de travail.

C'est ce qu'a fait la loi Belge du 27 septembre 1891. Elle n'envisage pas le vagabondage comme un délit ; elle prend seulement des précautions contre le vagabond. Si c'est un homme valide et paresseux qui exploite la charité publique, le tribunal le met à la disposition du gouvernement pour une période de deux à sept ans. On le place alors dans un dépôt de mendicité.

A coup sûr une pareille mesure serait plus efficace chez nous pour enrayer la progression toujours croissante du vagabondage, que la menace de la relégation qui semble être restée sans effet. Il y a donc en somme dans la loi de 1885, en cette matière surtout, fausse adaptation des moyens à l'objet.

Ces principes posés, voyons les difficultés pratiques qu'a fait naître notre texte. Il suppose deux groupes de condamnations distinctes :

a) deux condamnations au moins prévues par les paragraphes précédents;

b) cinq autres condamnations soit pour vagabondage, soit pour infraction à l'interdiction de séjour.

Examinons tout d'abord les éléments dont se compose le premier groupe. Il est généralement admis en présence des termes de la loi que le chiffre de deux condamnations est un minimun (1). Il s'ensuit que les deux condamnations ne peuvent être remplacées par une condamnation unique, mais plus grave.

Si cette solution est fondée, l'harmonie de la loi n'existe plus. Nous avons vu que jusqu'ici le législateur avait entre les diverses condamnations établi une commune mesure permettant d'apprécier leur valeur relative au point de vue de la relégation : deux des condamnations prévues au § 2 valaient une de celles prévues au § 1er; aux premières nous avions pu donner le coefficient 25, aux secondes le coefficient 50. Il semble, dans le § 4, que ces relations soient rompues. Cependant, ceux qui le soutiennent exagèrent peut-être l'argument qu'ils tirent du texte de la loi. Ce texte exige à coup sûr deux condamnations, mais de celles prévues aux §§ 2 et 3. En réalité, le législateur s'est placé à un point de vue tout pratique ; il a considéré qu'entre la grande et la moyenne criminalité il existait une séparation tranchée. Ce n'est pas avec les mendiants et les vagabonds qu'on fait les grands criminels; en fait, il n'y a rien de commun entre le gibier de cour d'assises et les pratiques du tribunal correctionnel. Rien ne prouve donc, à notre sens, que le législateur ait abandonné les règles d'équivalence qu'il avait admises jusque-là.

Pour les auteurs, et c'est la grande majorité, qui exigent

(1) Cass., 13 mars 1880. *D. P.* 1880. 1. 139; — 26 juin 1880. *D. P.* 1880. 1. 362.

dans tous les cas une double condamnation, la difficulté se présente sous une autre forme. L'une des deux condamnations ne peut-elle pas être une des condamnations prévues par le § 1er : une condamnation à la réclusion ou aux travaux forcés? Il s'est trouvé un auteur pour soutenir la négative (1). Il fait valoir que le § 4 renvoie aux § 2 et 3, mais ne renvoie nullement au § 1er, et que ce renvoi ne peut être suppléé dans le silence de la loi, l'interprétation restrictive en matière pénale étant de rigueur.

Ce système est à coup sûr, dans la conclusion qu'il tire des prémisses posées, plus logique que la doctrine dominante. On fait valoir dans cette doctrine que si le § 4 ne renvoie pas directement au § 1er, il y renvoie au moins indirectement puisqu'il vise le § 2 qui, lui, renvoie expressément au § 1er. Il est certain, d'autre part, que si une condamnation à plus de trois mois de prison compte pour la relégation, a fortiori une condamnation à la réclusion ou aux travaux forcés doit compter au même titre dans l'hypothèse prévue par notre texte (2).

La force de l'argument a fortiori ne peut être contestée, mais cet argument porte plus loin qu'on ne pense. Si l'on admet que le § 4 renvoie implicitement au § 1er, il faut décider que non seulement une condamnation à la réclusion ou aux travaux forcés pourra figurer dans le premier groupe, mais qu'elle suffira à le constituer comme en valant deux. — Il faut d'ailleurs remarquer que si deux de ces condamnations étaient réunies la relégation serait encourue en vertu de § 1er.

(1) Tournade, *op. c.*, p. 40.

(2) Conf. Garraud, t. II, n° 212; — Berton, nos 86 et suivants; — Jambois, pp. 25 et suivantes; — Teisseire, p. 213; — Sarrut, note, *D. P.* 1886, II, 50.

Une question sinon identique, au moins analogue, s'élève sur le second groupe qui comprend, nous l'avons vu, cinq condamnations pour vagabondage ou infraction à l'interdiction de résidence. Elle se pose dans les termes suivants : l'une quelconque des condamnations du second groupe peut-elle être remplacée par une condamnation appartenant au premier? En d'autres termes, le premier groupe pourra-t-il comprendre trois condamnations (il ne saurait en comprendre davantage, car alors la relégation serait encourue en vertu du § 3), le second groupe n'étant plus formé que de quatre condamnations ?

La difficulté ainsi formulée, une réponse affirmative s'impose. Les condamnations dont se compose la première série sont plus graves que les condamnations pour vagabondage; il est par suite naturel qu'elles en puissent prendre la place. Cet argument *a fortiori* se corrobore d'un argument de texte. La loi parle de « sept condamnations, dont deux au moins prévues par les paragraphes précédents ». Le nombre de deux est donc un minimum qui peut être dépassé. La rédaction primitive du § 4 portait d'ailleurs : « Seront relégués les récidivistes qui auront encouru... 4° deux au moins des condamnations prévues par les paragraphes précédents, et *cinq* condamnations dont deux au mois à trois mois d'emprisonnement, soit pour mendicité (1) ou vagabondage, soit pour infraction à l'interdiction de résidence. » Le texte fut remanié à la suite des observations de M. Ninard, membre de la commission du Sénat, qui fit très justement remarquer que, la loi exigeant expressément cinq condamnations de la

(1) La disposition qui visait les mendiants fut supprimée pour donner satisfaction aux scrupules de M. Bérenger et de plusieurs de ses collègues. La loi ne retint que les vagabonds. (Sénat, 13 février 1885.)

seconde espèce, l'une d'elles ne saurait être suppléée par une condamnation de la première catégorie. Une condamnation à plus de trois mois de prison pour vol, escroquerie, etc..., n'équivaudrait pas à une condamnation pour vagabondage. Une pareille solution était contraire à l'harmonie générale de la loi ; c'est pour l'écarter qu'on adopta la rédaction actuelle.

En présence de ces divers arguments, tous concordants, la jurisprudence et la doctrine ont admis sans difficulté que la relégation devait être prononcée si le récidiviste avait encouru d'une part trois des condamnations visées par le § 3 de la loi ; d'autre part, quatre condamnations seulement pour vagabondage ou infraction à l'interdiction de séjour (1).

Mais la question, si l'on peut s'exprimer ainsi, renaît de ses cendres. Elle se pose sous une autre forme, cette fois bien plus délicate à résoudre.

Parmi les cinq condamnations qui forment le second groupe, il doit en figurer deux à plus de trois mois d'emprisonnement. Cette règle, fort simple en elle-même, ne soulève pas de controverses lorsque notre second groupe est composé normalement ; mais il peut être constitué par quatre condamnations pour vagabondage et une condamnation pour l'un des délits spéciaux prévus au § 3. Il convient alors de se demander si cette dernière condamnation a pu prendre la place d'une des deux condamnations à plus de trois mois de prison exigées par la loi. Il

(1) Cass., 13 mars 1886. *D. P.* 1886. I. 139. — Cass., 25 juin 1886. *D. P.* 1886. I. 352. — Montpellier, 4 février 1886. *D. P.* 1886. II. 61. — Villey, note, Sir. 1886. II. 74. — Garraud, *l. c.* — Jambois, p. 28. — Garçon, n° 55. — Berton, n°s 95 et suivants. — André, p. 293. — Teisseire, pp. 218 et suivantes.

suffirait alors, pour que la relégation fût encourue, de quatre condamnations pour vagabondage dont une seule à plus de trois mois d'emprisonnement.

Cette solution a été consacrée à diverses reprises par la jurisprudence (1).

La Cour de cassation justifie ainsi son système. Il ne faut pas donner au texte une interprétation judaïque. La loi pose en principe que le chiffre de deux condamnations pour vol, escroquerie, etc..., est un minimum ; lorsque ce chiffre est dépassé, c'est par *a fortiori* que la peine de la relégation doit être prononcée. En d'autres termes, et en serrant de plus près la difficulté, nous dirions : une condamnation à plus de trois mois de prison pour vol ou escroquerie est certainement plus grave qu'une condamnation à moins de trois mois pour vagabondage. Elle est même plus grave qu'une condamnation à plus de trois mois de prison pour vagabondage ; car le législateur n'a pas considéré que le vagabondage en lui-même constituât une infraction très sérieuse : il l'a puni surtout à raison des dangers qu'il pouvait éventuellement entraîner. Le vagabond se transforme souvent en voleur ; la répression du vagabondage est donc une répression anticipée du vol ou d'autres délits également dangereux. N'est-ce pas dire par là même que les condamnations pour vagabondage, toutes choses égales d'ailleurs, ne sauraient avoir la même importance que les condamnations pour vol ou escroquerie?

L'argument peut être encore présenté sous une forme plus saisissante. Quatre condamnations à plus de trois

(1) Cr. Cass., 13 mars 1886. Sir. 1886. I. 333. — 25 juin 1886. Sir. 1886. I. 392. — Cr. Cass., 6 juillet 1893, *Bull. cr.*, n° 183. — Orléans, 4 mai 1886, *D. P.* 1886. II. 145. — Toulouse, 8 juin 1887. *D. P.* 1887. II. 197.

mois de prison pour vol ou escroquerie entraînent la relégation; deux condamnations de cette catégorie plus cinq autres pour vagabondage auront le même effet. C'est-à-dire que pour le législateur cinq condamnations pour vagabondage, dont deux au moins à plus de trois mois de prison, valent deux condamnations à plus de trois mois pour vol. L'un des deux termes égaux a donc plus de valeur au point de vue de la relégation, que l'un quelconque des cinq autres termes :

$$2a = 3b + 2b'$$
$$b' > b,\ a > b',\ a > b. —$$

La Cour de cassation a poussé jusqu'à ces dernières conséquences l'argumentation que nous venons d'exposer. Une condamnation à moins de trois mois d'emprisonnement pour vol ou escroquerie doit logiquement compter autant pour la relégation qu'une condamnation analogue prononcée pour vagabondage ou pour infraction à l'interdiction de résidence ; elle doit donc pouvoir figurer dans le second groupe de condamnations dont parle le § 4 (1).

Il s'ensuit, dit-on, que la relégation peut être prononcée en vertu du § 4 sans que le récidiviste ait jamais été condamné pour vagabondage. Cette remarque est fondée, mais sous bénéfice d'une observation. En principe, puisque quatre condamnations à plus de trois mois de prison sont nécessaires, si toutes elles ont été prononcées pour les délits prévus aux §§ 2 et 3, la relégation sera prononcée en vertu non du § 4, mais par application du § 3; une condamnation à plus de trois mois de prison pour vagabondage sera donc en général nécessaire.

(1) Cr. Cass., 11 mars 1887. *D. P.* 1887. I. 414; — 24 novembre 1887. *D. P.* 1888. I. 189.

Il n'en sera pas toujours ainsi par suite de l'application des dispositions transitoires : « Tout individu, dit l'art. 9, qui aura encouru avant cette époque (celle de la promulgation de la loi) des condamnations pouvant entraîner dès maintenant la relégation, n'y sera soumis qu'en cas de condamnation nouvelle dans les conditions ci-dessus prescrites. » Il arrivera dans cette hypothèse qu'un récidiviste ayant déjà encouru quatre des condamnations prévues au § 3 ne sera cependant pas relégable. Mais qu'il encoure par surcroît trois condamnations inférieures à trois mois pour les délits spécifiés aux §§ 2 et 3, alors, dans le système de la Cour de cassation, la relégation devra être prononcée contre lui (1).

Telle est sous ses divers aspects la théorie de la Cour Suprême. Elle est vivement combattue par la majorité des auteurs ; mais ceux-ci ne s'accordent pas dans leurs critiques.

Le législateur, disent les uns, a entendu avant tout viser les vagabonds dans le § 4. Mais il exige que le vagabondage présente un caractère particulier de gravité ; c'est pourquoi deux au moins des condamnations pour vagabondage doivent être supérieures à trois mois d'emprisonnement. Otez ces deux condamnations et remplacez-les par d'autres prononcées pour des infractions très différentes, vous retirez aux autres condamnations pour vagabondage l'importance toute relative que le législateur leur attribuait. Ce qu'il voulait réprimer, c'était une récidive spéciale, la réitération d'une même infraction ; enlevez les deux condamnations à plus de trois mois de

(1) L'arrêt de la Chambre crim., 13 mars 1886 (*D. P.* 1886. 1. 139) prononce ainsi la relégation contre un récidiviste qui n'avait jamais encouru de condamnations à plus de trois mois de prison pour vagabondage.

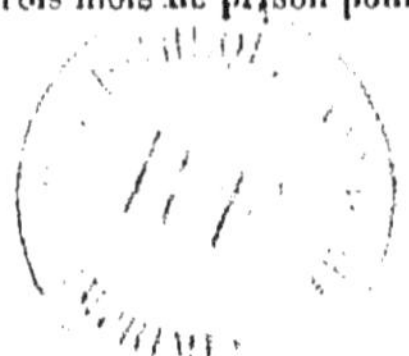

prison pour vagabondage et les éléments constitutifs de la récidive spéciale disparaissent. Au surplus, le texte est formel, dit-on. Il parle de « sept condamnations, dont deux au moins prévues par les paragraphes précédents, et les autres soit pour vagabondage, soit pour infraction à l'interdiction de résidence, *à la condition que deux de ces autres condamnations soient à plus de trois mois d'emprisonnement* (1). » On n'admet donc pas dans cette doctrine que l'une des deux condamnations à plus de trois mois de prison pour vagabondage puisse être suppléée par une autre condamnation, de même importance, encourue pour l'un des délits spécifiés aux §§ 2 et 3.

La plupart des auteurs rejettent cette solution par trop stricte. Ils font observer que l'esprit de la loi est douteux. On ne semble pas, dans les travaux préparatoires, avoir prévu aucune des difficultés qui devaient se présenter. Que résulte-t-il en effet des observations de M. Ninard ? Tout d'abord, si le texte n'avait pas été modifié, aucune des cinq condamnations pour vagabondage n'aurait pu être suppléée. C'est pour cette raison qu'on a décidé, sans voir les limites exactes de la question, qu'au cas de trois condamnations pour délits spécifiés aux §§ 2 et 3, et de quatre condamnations pour vagabondage, la relégation serait encourue. Mais on n'a pas prévu le cas où le récidiviste aurait subi quatre condamnations aux termes du § 3 ; on ne se préoccupait pas en effet des dispositions transitoires et de leurs conséquences. La conclusion est que, malgré les termes précis du § 4, il est fort difficile de dire ce que le législateur a voulu (2).

(1) Paris, avril 1886. *D. P.* 1886. II. 62 ; — Bourges, 21 janvier 1886. *D. P.* 1886. II. 57. — Sarrut, note. *D. P.* 1886. II. 53.
(2) Villey, note. Sir. 1886. I. 333.

Il faut donc appliquer les règles générales qui paraissent se dégager de l'ensemble de la loi. Une condamnation à plus de trois mois de prison pour vol est au moins aussi grave qu'une condamnation équivalente pour vagabondage; elle doit compter au même titre pour la relégation (1). Mais il faut s'en tenir là. Quant à assimiler aux condamnations pour vagabondage, les condamnations pour vol ou escroquerie, etc., lorsqu'elles sont inférieures à trois mois de prison, c'est manifestement ajouter à la loi. L'argumentation extensive par voie d'analogie se comprend en matière de droit civil, elle n'a pas sa place en droit pénal où l'interprétation restrictive est de rigueur. *Nulla pœna sine lege*, telle est la règle qui sauvegarde la liberté individuelle en ces matières. La relégation est sans doute avant tout une mesure de préservation sociale, mais c'est aussi une peine, puisque le relégué est interné dans une colonie et n'y est même pas libre, le plus souvent, car il est soumis au travail obligatoire en commun (relégation collective) (2). Cette solution est du reste conforme à l'esprit de la loi qui a voulu atteindre une catégorie spéciale de délinquants, les vagabonds d'habitude.

En somme la relégation peut être encourue en vertu du § 4 dans trois hypothèses distinctes:

a) 2 condamnations spécifiées au § 3; 5 condamnations pour vagabondage dont deux supérieures à trois mois de prison.

b) 3 condamnations spécifiées au § 3; 4 condamnations

(1) Garraud t. II, n° 212; — André, p. 293; — Berton, n°s 95 et s.; — Jambois, p. 28; — Teisseire, pp. 228 et s.; — Laborde, journal *la Loi*, 22 mai 1886.

(2) Garraud, *l. c.*; — André, p. 294; — Jambois, *l. c.*; — Teisseire, pp. 220 et s.; — Laborde, n° 546.

pour vagabondage dont une supérieure à trois mois de prison.

c) 4 condamnations du § 3 ; 3 condamnations pour vagabondage même inférieures à trois mois de prison.

Nous avons ainsi tranché les plus graves des difficultés que soulevait notre 4me cas de relégation. Il suffira de quelques mots pour écarter quelques légères controverses qui ont été soulevées sur le texte de la loi.

Faut-il faire état des condamnations à l'amende prononcées pour vagabondage ou infraction à l'interdiction de résidence? On l'a prétendu (1).

Il semble cependant que la loi n'ait eu en vue que les peines corporelles : elle exige que les condamnations soient encourues dans un délai de dix ans, non compris la *durée des peines* subies. La question présente un intérêt sérieux ; car si les condamnations à l'amende n'entraînent pas la relégation, le juge sera en fait maître de la prononcer puisqu'il a le choix entre condamner à l'amende ou à la prison.

Plus délicate est la question suivante : les condamnations pour infraction à l'interdiction de résidence peuvent-elles être remplacées par des condamnations pour rupture de ban? C'est un point très débattu, mais la controverse perd chaque jour de son intérêt pratique puisque la surveillance de la haute police a été supprimée en 1885 et qu'il est de plus en plus rare de rencontrer un récidiviste ayant été condamné pour rupture de ban. Il convient de remarquer du reste qu'il ne s'agit pas seulement de faire état de condamnations prononcées avant la loi sur la relégation, il s'agit encore de compter des condamnations

(1) Teisseire, *l. c.*, p. 226.

prononcées pour un délit qui n'existe plus et que n'a pas visé la loi.

« On ne peut admettre, dit M. Villey, que le législateur, en supprimant la surveillance de la haute police, a entendu compter pour la relégation les condamnations pour rupture de ban, suite et sanction d'une pénalité réputée mauvaise et dont les conséquences funestes appelaient une réforme (1). »

§ 4.

Des cas de relégation prévus par les lois spéciales.

Aux quatre cas de relégation que nous venons d'étudier, il convient d'en ajouter un cinquième qui diffère, il est vrai, profondément des précédents. Il s'agit en effet d'une hypothèse où la relégation peut être prononcée sans qu'il y ait récidive, et où elle se présente comme facultative pour le juge. Nous sommes ici en dehors du système général de la loi de 1885. Aussi bien ce cinquième cas de relégation a-t-il été créé par une loi récente du 18 décembre 1893 sur les associations de malfaiteurs, loi qui a modifié les art. 265 à 268 du Code pénal et en a étendu l'application aux anarchistes. Désormais tout individu puni en vertu des dispositions du Code pénal sur les associations de malfaiteurs pourra être relégué. La relégation est facultative pour le juge, mais elle pourra

(1) Villey, note ss. Cass., 15 avril 1886, *Sir.* 1886. I, 334 — *Sic:* Tournade, p. 42; — Jambois, p. 41; — Laborde, journal *la Loi*, 22 mai 1886; — Orléans, 9 février, 16 mars 1886, Paris, 3 février 1886. *Sir.* 1886. II. 76.
Contrà: Montpellier, 4 février 1886, S. 1886. II. 77; — Cass., 15 avril 1886, *Sir.* 1886. I. 334; — Paris, 16 avril 1891, *Gaz. des Tribunaux*, 4 juin 1891.

être prononcée dans ce cas, même contre un condamné primaire.

En somme on a voulu armer les pouvoirs publics contre les groupes anarchistes. Contre des malfaiteurs qui s'attaquent directement à la société dont ils nient l'utilité et la nécessité, des mesures rigoureuses d'élimination s'imposent.

C'est aussi la préoccupation du péril anarchiste qui a inspiré la loi du 28 juillet 1894. Elle crée si l'on veut un sixième cas de relégation et revient, en partie, aux principes de la loi de 1885 ; elle ne frappe en effet que des récidivistes et non plus des condamnés primaires. Pourra être relégué, en vertu de cette loi, tout individu qui, ayant été condamné pour faits de propagande anarchiste à plus d'une année d'emprisonnement, encourra dans une période de moins de dix ans (se calculant sans doute d'après les règles déjà déterminées) une condamnation à plus de trois mois d'emprisonnement, pour les mêmes faits, ou une condamnation à la réclusion, aux travaux forcés ou à plus de trois mois pour délit de droit commun. Ce qui est remarquable, c'est que la récidive est ici générale, la loi ne déterminant pas quels sont les délits dont la réitération fera encourir la relégation. La loi de 1885 suppose une récidive spéciale par catégories : elle est donc moins rigoureuse que la loi du 28 juillet 1894.

APPENDICE

Du principe de non-rétroactivité de la loi de 1885.

La question de savoir si la loi de 1885 rétroagit, et dans quelle mesure, présente de moins en moins d'intérêt au fur et à mesure qu'on s'éloigne de sa promulgation. Aussi ne trouve-t-on pas dans les recueils de jurisprudence de ces dernières années de décisions relatives à la question ; nous nous bornerons donc à un rapide aperçu, d'autant mieux que nous avons déjà signalé la disposition de l'art. 9 et discuté certaines questions qui s'y rattachent. « Les condamnations encourues antérieurement à la promulgation de la présente loi seront comptées en vue de la relégation conformément aux précédentes dispositions. Néanmoins tout individu qui aura encouru, avant cette époque, des condamnations pouvant entraîner dès maintenant la relégation, n'y sera soumis qu'en cas de condamnation nouvelle dans les conditions ci-dessus prescrites. »

Faut-il en conclure que la loi rétroagit. On serait disposé à le croire, puisque les condamnations antérieures à sa promulgation comptent pour la relégation. Il n'en est rien cependant. La loi n'aurait effet rétroactif que si la relégation pouvait être prononcée à raison de condamnations encourues avant le 27 mai 1885 ou d'infractions commises avant cette date. On comprendrait qu'il en fût ainsi, si la relégation était non pas une véritable peine, mais une simple mesure de police. Telle avait été la conception première; telle n'est certainement pas la solution de la loi.

Un doute subsiste cependant sur la portée de l'art. 9. Il semble qu'aux termes de ce texte, si la relégation ne peut être prononcée pour des condamnations antérieures à la loi, elle peut l'être pour des infractions antérieures. Nous croyons qu'il y a lieu de corriger le texte en l'interprétant. Il consacre le principe de non-rétroactivité de la loi pénale; or, ce principe exige qu'une infraction ne puisse être frappée postérieurement d'une peine que ne prévoyait pas le législateur lorsqu'elle a été commise. En second lieu, l'art. 9 entendu strictement n'aurait aucune utilité. Puisque la relégation est une peine complémentaire qui ne peut être prononcée qu'accessoirement à un jugement de condamnation, il est évident qu'elle ne peut être encourue à raison de condamnations successives lorsqu'elle n'y a pas été comprise.

Un doute peut néanmoins subsister. La loi de 1885 ne rétroagit-elle pas puisqu'elle permet au juge de tenir compte de condamnations antérieures à sa promulgation? Non. Le législateur déclare la récidive punissable dans certaines conditions; le délinquant est prévenu, il sait à quoi il s'expose en commettant une nouvelle infraction et c'est avant tout à raison de cette dernière infraction que sera prononcée la peine de la relégation.

Ainsi la jurisprudence interprétant la loi du 26 mars 1891 décide qu'il suffit, pour qu'il y ait récidive en matière de courtes peines, que la seconde infraction soit postérieure à la promulgation de la loi nouvelle. Ce n'est pas le premier fait que la loi punit, c'est le second auquel elle attribue, comme c'est son droit, une gravité particulière.

Étant donné que la loi n'a pas d'effet rétroactif et qu'une condamnation ne peut jamais entraîner la relégation qu'autant qu'elle réprime une infraction postérieure à la loi nouvelle, il se pose une grave difficulté que nous avons déjà rencontrée. Il faut que l'infraction nouvelle qui doit entraîner la relégation soit une de celles prévues par la loi. C'est une condition nécessaire; est-elle suffisante? Un individu a été condamné quatre fois pour vol avant 1885; il est condamné pour faits de vagabondage postérieurs au 27 mai 1885 dans les conditions prévues par le § 4 de l'art. 4, — vagabondage sans circonstances aggravantes. — Sera-t-il relégable? Il ne l'est pas, dit-on, aux termes de l'art. 4 § 4 puisque ce texte exige au moins sept condamnations. Il ne l'est pas non plus aux termes du § 3, car ce paragraphe exige quatre condamnations pour certains délits spécifiés, dont une au moins postérieure à la loi nouvelle. Tout dépend de savoir quel rapport d'équivalence existe entre les condamnations du § 4 et celles du § 3; qu'il nous suffise de rappeler la controverse sans en reprendre le détail.

CHAPITRE II

DU JUGEMENT DE RELÉGATION

Toutes les fois que le juge se trouve en présence d'un prévenu, il est dans l'obligation de déterminer si c'est un délinquant primaire ou un récidiviste. Si c'est un récidiviste, il y a lieu de rechercher s'il n'est pas relégable à raison des condamnations antérieures qu'il a encourues. La preuve de la récidive est difficile à faire, elle suppose surtout la preuve très délicate de l'identité du prévenu. Grâce au système anthropométrique du docteur Bertillon, il est devenu aujourd'hui à peu près impossible au récidiviste de dissimuler son véritable état civil. — La preuve de la récidive suppose aussi la preuve des condamnations encourues par le récidiviste : l'institution du casier judiciaire rend cette preuve facile pour le juge.

Ainsi, la constatation de la récidive est le préliminaire indispensable du jugement de relégation. Elle fera l'objet de notre 1re section.

Mais la relégation est une peine particulièrement grave. Il importe qu'elle ne soit pas prononcée à la légère, que les intérêts du prévenu soient défendus ; il ne faut pas sacrifier ici la liberté individuelle à l'intérêt social. De là l'organisation d'une procédure spéciale ou plutôt l'admission de certaines garanties pour l'inculpé : un défenseur d'office lui est désigné et la procédure des flagrants délits est exclue. L'étude de ces diverses mesures fera l'objet de notre section II.

Supposons que la procédure légale a été rigoureusement observée et que le juge a dans sa conscience acquis la certitude que le prévenu est relégable. Devra-t-il obligatoirement prononcer la peine de la relégation ? Oui, en principe. On a vivement critiqué notre loi sur ce point et on a soutenu que la relégation devrait être dans tous les cas facultative pour le juge. C'est une controverse théorique.

Mais ici intervient un nouvel élément : le juge doit tenir compte de l'âge du prévenu. Contre des récidivistes trop jeunes ou trop âgés, la peine de la relégation ne peut être prononcée : contre les récidivistes trop jeunes parce que l'on conserve l'espoir de les reclasser ; contre les récidivistes trop âgés parce qu'ils sont impropres à l'œuvre de la colonisation et qu'ils ne sont pas très redoutables, ayant atteint une période de la vie où la criminalité diminue sensiblement avec les forces physiques et l'énergie passionnelle. Somme toute, l'âge est une condition de la relégation qui s'apprécie seulement au moment où le juge va prononcer la peine et qui trouve naturellement sa place ici. Nous consacrerons à ces questions notre section III.

Dans notre section IV, poussant à bout nos investigations, nous supposerons que le juge a relégué le récidiviste et nous nous demanderons à quelles conditions ce jugement est valable, quelles énonciations il doit contenir, quelles preuves il doit faire.

SECTION I. — *Constatation de la récidive.*

SECTION II. — *Des règles de procédure spéciales en matière de relégation.*

SECTION III. — *Application de la relégation par le juge.*

SECTION IV. — *Enonciations du jugement de relégation.*

SECTION PREMIÈRE

CONSTATATION DE LA RÉCIDIVE

§ 1er

Preuve de l'identité du prévenu.

Cette preuve était, jusqu'à ces dernières années, sinon impossible, au moins fort difficile. Les législations anciennes avaient recours à des procédés matériels pour distinguer les criminels; des marques ineffaçables imprimées sur la figure, sur l'épaule ou sur le bras, les signalaient au public et leur rendaient par là même plus difficile l'accomplissement de nouveaux forfaits. La marque permettait sans doute de les reconnaître et de constater s'ils étaient récidivistes; mais cette pratique, quelle que fût à certains égards son utilité, n'était pas en harmonie avec les théories du droit pénal moderne. Le condamné portait ineffaçable la trace de son infamie ; il se sentait déshonoré pour toujours; le reclassement devenait impossible pour lui, car personne ne voulait l'employer; tous les honnêtes gens le repoussaient.

Aussi la loi du 28 avril 1832 est-elle venue abolir la marque. Mais dès lors il n'existe plus de signes permettant de reconnaître qu'on est en présence d'un récidiviste; s'il tait son identité, s'il se déguise sous un faux nom, il sera à peu près impossible de reconstituer son véritable état civil. Il arrivera ainsi qu'un criminel sera condamné sous le nom d'une personne parfaitement honorable, mais inconnue au lieu de l'arrestatjon ; le casier judiciaire de cette personne étant vierge, il passera pour un délinquant primaire.

On a cherché par tous les moyens possibles à éviter ces erreurs regrettables. Sans parler des ruses employées par les agents de police pour obliger le prévenu à un aveu, la photographie parut, il y a une vingtaine d'années, devoir rendre les plus grands services dans la constatation de l'identité. Un service spécial fut organisé à Paris, boulevard du Palais. Il eut un grand succès et l'on se flatta pendant quelque temps d'avoir là une arme sérieuse contre la récidive. Mais il arriva bientôt que les photographies se multiplièrent avec les délits et les récidives et l'on se trouva après quelques années en présence d'environ 100.000 photographies classées, parmi lesquelles les recherches étaient fort difficiles; d'autant plus difficiles que la physionomie du prévenu avait pu se modifier avec l'âge et qu'on pouvait ne pas le reconnaître sur les épreuves antérieures.

Et réalité, pour pouvoir se servir des photographies, il fallait les diviser par groupes, les recherches étant toujours possibles dans un groupe qui ne comprend qu'un nombre restreint d'épreuves. Il fallait en outre imaginer un procédé plus précis, permettant d'affirmer l'identité du prévenu avec une certitude absolue, que ne pouvait faire naître la vague ressemblance d'épreuves photographiques entre elles.

Ce fut le docteur Bertillon, qui trouva la solution du problème. Il imagina de recourir à certaines mesures prises sur le corps même de l'individu et choisies de telle sorte qu'elles étaient indépendantes de l'âge et ne changeaient pas avec les années. C'est le système de la mensuration anthropométrique.

Les premiers essais datent de 1880. Voici comment on procède. L'individu, qui après son arrestation a été dérigé sur le Dépôt, est conduit à la salle de mensuration. Il y est photographié sous trois aspects : de face, de trois quarts, de profil, puis examiné. Les résultats de cet examen sont consignés sur une fiche blanche ; on y indique la taille, la longueur et la largeur de tête, la longueur du pied, du medius et de l'auriculaire — mention est faite en tête de l'état civil de l'individu et de la nature du délit (1).

Il se peut qu'on soupçonne le prévenu d'être un récidiviste. Il refuse d'éclairer la justice sur son état civil et ses antécédents et ne répond pas aux questions qui lui sont faites ; ou encore certaines de ses déclarations sont reconnues fausses et suspectes. On va chercher alors à connaître à l'aide des fiches de mensuration le nom véritable de cet homme, son identité et par suite son passé et les condamnations qu'il a déjà subies.

Les photographies des délinquants qui ont déjà été mensurés et photographiés sont classées en trois catégories : grands, moyens, petits. Le détenu qu'il s'agit de

(1) Voici le dispositif de la fiche de mensuration :

Fiche de Mensuration

État civil. { Nom, prénoms. Lieu de naissance. Profession.

Délit

Taille.	Envergure.
Longueur de tête.	Couleur de l'œil.
Largeur de tête.	Age.
Longueur du pied.	Date.
Longueur du médius.	*Signature du mensurateur :*
Longueur de l'auriculaire.	

Marques particulières

reconnaître ne dépasse pas, nous supposons, 1m60 ; il est dans les petits. Les grands et les moyens, soit par exemple 20.000 photographies sur 30.000, se trouvent par là même écartés. Si l'on s'en tenait là, les recherches seraient encore fort compliquées ; mais on continue, grâce aux autres mesures, à procéder par voie d'exclusion. Prenons la longueur de tête : on désigne par là la distance entre le creux du nez et la pointe, la saillie extrême de la tête par derrière. Le groupe des petits est divisé encore en trois catégories au point de vue de la longueur de tête ; ainsi des 10.000 photographies qui restaient, les 2/3 sont encore écartés. En prenant successivement les autres mesures on arrive à éliminer la plupart des photographies, si bien qu'à la fin de l'opération il ne reste plus que quelques fiches accompagnées de photographies, dix ou quinze au plus, entre lesquelles le choix est facile, d'autant plus aisé que les marques particulières, les tatouages par exemple, prennent alors une grande importance et révèlent sûrement l'identité du prévenu.

Si l'on ne trouve pas de fiche correspondante au prévenu, si l'on ne reconnaît pas son visage ou ses proportions, c'est qu'on a affaire à un délinquant primaire. Si au contraire il existe une fiche correspondant très exactement aux mesures prises sur le détenu, c'est qu'on a affaire à un récidiviste dont l'identité et les antécédents sont révélés avec certitude. Les mesures signalétiques sont en effet à peu près invariables ; la longueur et la largeur de la tête ne sont soumises, au cours de longues années, qu'à des variations insignifiantes ; la longueur du médius reste très sensiblement la même à partir de l'âge adulte. Le doute n'est donc pas possible : le système anthropométrique conduit à la certitude scientifique. Il serait à désirer, étant donnés les services qu'il rend à la justice, qu'il fût adopté dans tous les parquets.

La statistique atteste son utilité. Voici en effet pour chaque année le nombre des récidivistes dont le passé, soigneusement dissimulé par eux, a pu être reconstitué à l'aide de la mensuration :

En 1883	49	En 1890	614
1884	241	1891	600
1885	425	1892	680
1886	356	1893	512
1887	487	1894	495
1888	550	1895	414
1889	562		

En somme, dans l'espace de treize ans, 5985 récidivistes cachant leur identité ont été reconnus. Si, dans ces trois dernières années, le nombre annuel tend à diminuer, c'est que les simulateurs ont senti l'inutilité de leurs efforts : ils préfèrent avouer tout de suite.

Il se peut que le récidiviste conteste son identité, soit parce que les preuves réunies contre lui ne sont pas décisives, soit parce qu'il persiste à nier contre toute évidence ; il soutient que ce n'est pas lui qui a déjà, en telle année, été condamné par tel tribunal, et se déguise sous un nom d'emprunt. En pareil cas, on le renverra devant les tribunaux qui l'ont déjà condamné, peut-être sous des noms d'emprunt, pour faire constater sa véritable identité. En bonne logique, en effet, seul le tribunal qui a condamné un prévenu peut le reconnaître et décider qu'il a déjà comparu devant lui. — L'identité du récidiviste ainsi établie, le tribunal pourra le condamner et prononcer, s'il y a lieu, contre lui la relégation.

Si le tribunal s'est laissé abuser par la supercherie du prévenu, il pourra encore, après coup, sur les réquisitions du ministère public, rendre un jugement rectificatif rétablissant le véritable état civil du récidiviste. Mais s'il se trouve que ce prévenu était relégable, il ne sera plus temps de prononcer la relégation (art. 10, loi du 27 mai 1885) « le jugement ou l'arrêt prononcera la relégation en même temps que la peine principale ». C'est ce que décide à bon droit la jurisprudence (C. Alger, 7 juillet 1888. *D. P.* 1889. II. 119).

§ 2

Preuve des condamnations antérieures.

La mensuration n'établit que l'identité du prévenu; elle ne prouve ni l'importance ni le nombre des condamnations que le récidiviste a encourues.

Le plus souvent lorsque celui-ci verra son identité révélée, il avouera qu'il a déjà été condamné dans telles ou telles conditions; mais cet aveu à lui seul ne suffit pas à faire preuve contre lui (1), il fournit seulement à la justice des indications précieuses. A défaut d'aveu, celle-ci n'est pas du reste désarmée; elle a un moyen de connaître les antécédents du récidiviste lorsqu'une fois son identité a été constatée : c'est le casier judiciaire.

Le Code d'instruction criminelle avait enjoint aux greffiers de tous les tribunaux criminels de tenir un registre sur lequel seraient inscrits par ordre alphabétique les

(1) Crim. cass., 16 mars 1889. *D. P.* 1889. I. 481. — Cependant, après de vives controverses, la jurisprudence a adopté une solution différente en matière de récidive légale : l'aveu du prévenu suffit à faire preuve en l'absence de mentions sur le casier judiciaire.

noms de tous les condamnés à une peine criminelle ou correctionnelle, avec l'indication de la peine prononcée et une notice brève sur chaque affaire (art. 600). Tous les trois mois ils devaient en envoyer deux copies, l'une au Ministre de la justice, l'autre au Ministre de la police générale (art. 601). Ces deux ministres établissaient alors un registre général de la criminalité, registre central auquel on recourait pour connaître les antécédents judiciaires d'un individu. Cette institution rendait les recherches impossibles à raison du nombre considérable des registres; aussi fut-elle supprimée par une circulaire ministérielle.

Le casier judiciaire, mis en pratique par la circulaire du 6 novembre 1850, avait ainsi une origine illégale et il n'a été consacré législativement que par la loi du 14 août 1885, modifiant l'art. 633 C. instr. crim. L'art. 633 nouveau décide en effet qu'au cas de réhabilitation mention sera faite sur le casier judiciaire du jugement de réhabilitation et que les extraits délivrés aux parties ne mentionneront pas la condamnation.

Son mécanisme bien connu est des plus simples et l'on conçoit que cette institution soit d'un précieux secours pour la constatation de la récidive. Des hommes éminents l'ont cependant très vivement attaquée. La critique porte surtout sur ce fait que le casier judiciaire n'est pas seulement communiqué aux juges; c'est un livre ouvert dont chacun peut lire les pages (1). Dès lors à tous ceux dont le casier judiciaire n'est pas vierge, une même dénomination s'applique : ce sont des repris de justice. « Le casier judiciaire, dit énergiquement M. Béranger (1), est

(1) Jules Simon, *Contre le casier judiciaire*, 1880.
(2) Rapport au Sénat, séance du 27 juin 1890.

devenu une véritable peine pire que la peine principale. La peine principale a un terme, celle-là n'en aura jamais. Elle équivaut pour lui non pas seulement à une incapacité d'emploi, mais à une incapacité de travail, c'est-à-dire à une impossibilité de vivre... que fera-t-il, ce malheureux repoussé de partout, s'il a besoin de son travail pour vivre? Il fera un vagabond ou un mendiant, s'il ne fait pas un voleur il fera un récidiviste ».

Ces critiques sont à coup sûr exagérées. La rapidité des renseignements et leur ingénieuse répartition qui assurent à la récidive une répression à peu près certaine font que les casiers judiciaires rendent dans la pratique les plus grands services. Peut-être faudrait-il décider que le juge seul peut en obtenir communication? En tout cas, il n'est pas exact d'affirmer que l'accroissement du vagabondage et de la récidive est dû seulement à ce que, les patrons exigeant la présentation du casier judiciaire, les libérés se voient refuser du travail.

On a proposé pour remédier aux erreurs des greffiers et à la surveillance peu effective des parquets un casier unique à Paris, avec un local et un personnel spéciaux, en plus des casiers de chaque arrondissement; les maires seraient tenus d'envoyer à Paris un extrait de tous les actes de décès pour éviter l'encombrement. L'idée est excellente, mais elle entraînerait de lourdes dépenses et une perte totale serait à craindre au cas d'incendie.

Ce qu'il nous faut retenir, ce sont surtout les critiques qui ont inspiré ces projets de réforme. Le casier judiciaire n'est pas toujours l'expression de la vérité, il ne donne pas toujours la liste exacte des condamnations encourues par chaque individu : il s'y glisse des erreurs et des omissions, d'autant mieux qu'il n'est qu'un extrait d'extraits des minutes des jugements.

Dès lors quelle est la force probante du casier judiciaire? Celle qui s'attache aux actes authentiques? On serait peut-être porté tout d'abord à le décider; mais il faut reconnaître que cette autorité serait en fait bien mal justifiée. En outre, aucun texte n'attribue au casier judiciaire une valeur particulière au point de vue de la preuve. Ce n'est plus depuis 1885 une institution illégale, mais c'est encore une institution à laquelle la loi n'attribue aucun mérite propre. En somme, on arrive à cette conclusion que le casier judiciaire est seulement un des multiples éléments de fait qui peuvent entraîner la conviction du juge; à lui seul il ne suffit pas à faire preuve des condamnations encourues par le récidiviste.

Contre les dénégations du prévenu, il faudra invoquer d'autres preuves plus pertinentes. Ces preuves, d'ailleurs, le juge les a à sa disposition : guidé par le casier judiciaire, il se fera délivrer des extraits authentiques des jugements de condamnations qui y sont mentionnés, et ces extraits feront preuve absolue contre le récidiviste.

Du reste lorsque l'aveu du prévenu corrobore les mentions du casier judiciaire, on s'accorde à reconnaître que la preuve des condamnations est suffisamment faite. Mais il faut dans tous les cas que le prévenu ait été mis à même de contester les mentions du casier judiciaire; son silence ne suffirait pas (1).

(1) Crim. Cass., 4 février, 24 février, 24 mars 1887. D. P. 1887. I. 233; 9 juin, 8 juillet, 9 juillet, 3e espèce, 1887. D. P. 1888. I. 187; — 6 septembre, 15 novembre 1888. D. P. 1889. I. 320.

SECTION II

DES RÈGLES DE PROCÉDURE SPÉCIALES EN MATIÈRE DE RELÉGATION

Il ne suffit pas pour que la relégation puisse être régulièrement prononcée par le juge que celui-ci ait acquis la conviction que le prévenu est relégable, il faut encore que certaines règles de procédure aient été observées.

« Lorsqu'une poursuite devant un tribunal correctionnel sera de nature à entraîner l'application de la relégation, il ne pourra jamais être procédé dans les formes édictées par la loi du 20 mai 1863 sur les flagrants délits. Un défenseur sera nommé d'office au prévenu à peine de nullité » (art. 11. Loi du 27 mai 1885).

La procédure devant les Cours d'assises n'est donc pas modifiée : on a considéré qu'elle présentait pour l'accusé un *summum* de garanties. Il n'était pas à craindre que la peine très grave de la relégation fût appliquée à la légère sans que l'accusé pût se défendre utilement.

Mais en revanche la procédure devant les tribunaux correctionnels n'offre pas les mêmes garanties ; de là cette double règle formulée par la loi :

1) Exclusion de la procédure des flagrants délits ;

2) Nomination d'un défenseur d'office.

§ 1er

Exclusion de la procédure des flagrants délits.

La procédure des flagrants délits a été créée par la loi du 20 mai 1863. On sait que la notion du flagrant délit est assez large et compréhensive : il y a flagrant délit non seulement lorsque l'auteur du délit est surpris sur-le-champ et arrêté, mais lorsque la clameur publique le poursuit ou qu'il est saisi, à une époque assez rapprochée, porteur d'armes qui font présumer sa culpabilité (art. 41 C. instr. crim.). Il s'ensuit que la loi de 1863 a eu surtout pour objet d'assurer une répression plus rapide des délits commis par les repris de justice contre lesquels on sentait déjà le besoin de se défendre. — La procédure des flagrants délits supprime la détention préventive ; le Procureur de la République peut traduire l'inculpé à l'audience du jour ou du lendemain. Cette procédure laisse le prévenu sans défense ; toutefois, la loi l'autorise à demander au tribunal un certain délai qui sera de trois jours au minimum (art. 4, loi du 20 mai 1863). Mais ce délai eût été insuffisant à un homme menacé d'une peine aussi grave que la relégation pour préparer sa défense ; en outre, le tribunal n'avait pas à l'accorder d'office, il fallait que l'inculpé en fît la demande, et il pouvait ne pas y songer.

Ces considérations ont fait, sur la proposition de M. Jullien, exclure en matière de relégation la procédure des flagrants délits. Il reste à savoir dans quelle mesure et sous quelle sanction cette procédure est écartée.

On s'accorde tout d'abord à reconnaître qu'une instruction préparatoire n'est pas nécessaire, la loi ne l'exigeant pas. Le tribunal pourra toujours être saisi par une citation directe du ministère public ou même de la partie civile. Mais à compter de cette citation, qui n'est pas nécessaire dans la procédure du flagrant délit, le prévenu a pour comparaître un délai de trois jours francs, plus un jour par trois myriamètres ; — le délai étant de trois jours francs, on ne comptera ni le jour de la citation, ni le jour d'échéance.— Ceci posé, ces délais doivent être observés en principe à peine de nullité de la condamnation. En devra-t-il être de même s'il y a flagrant délit, et en admettant que le prévenu soit relégable ?

Supposons tout d'abord que les prescriptions de l'art. 11 ont été violées par le ministère public : la poursuite a eu lieu sans citation conformément à la loi de 1863, mais au cours des débats le tribunal, sur le vu du casier judiciaire ou sur les aveux du prévenu, acquiert la conviction qu'il est relégable. Quel parti doit-il prendre ?

Il doit seulement, disent certains auteurs, provoquer la nomination d'un défenseur d'office et accorder à l'inculpé un délai qui ne saurait être moindre de trois jours pour préparer sa défense (1). On décide donc dans ce système que le mandat de dépôt décerné par le procureur de la République est régulier, et que, par la traduction immédiate à l'audience ou la citation au lendemain, il a valablement saisi le tribunal. Il se peut que le tribunal correctionnel ait annulé la citation du ministère public; celui-ci se pourvoira devant la Cour d'appel qui devra, dit-on, annuler à son tour le jugement du tribunal correctionnel, le mandat de dépôt et l'acte même qui a saisi le tribunal continuant de produire tous leurs effets.

Que si le tribunal, ignorant les antécédents du prévenu, avait passé outre et l'avait condamné, on s'accorde à reconnaître que le jugement devrait être annulé par la Cour; mais, selon les auteurs dont nous exposons l'opinion, le mandat de dépôt et l'acte qui a saisi le tribunal resteraient encore valables.

(1) Depeiges, *Commentaire pratique de la loi sur les récidivistes*, p. 69 ; — Laborde, journal *la Loi*, 22 mai 1886.

La prohibition de la procédure des flagrants délits n'est pas, disent-ils, absolue. Qu'on lise attentivement l'art. 11 et l'on verra que les mots « à peine de nullité » y sont placés à la fin et se rapportent à la nomination d'un défenseur d'office : c'est du reste ce qui ressort des travaux préparatoires. M. Jullien, à l'initiative duquel est dû l'art. 11, limitait ainsi la portée de son amendement : « La loi du 20 mai 1863 dispose que l'individu accusé d'un délit peut être déféré par le Procureur de la République le jour même, s'il a été arrêté en flagrant délit, au tribunal correctionnel. Vous voyez les conséquences : un homme menacé d'une peine définitive, perpétuelle, obligatoire, conséquence de condamnations remontant à une époque éloignée, qui nécessiteraient des recherches longues et difficiles dans son passé, pourra se voir, s'il plaît au Procureur de la République, accorder vingt-quatre heures pour se préparer. » (Séance du 28 juin 1883. Chambre des députés.)

Le but de l'amendement était donc d'empêcher la comparution à bref délai qu'autorise la loi de 1863. — Peut-être l'amendement n'était-il pas très utile à cet égard : la loi de 1863 décide, en effet, que le prévenu pourra demander au tribunal un délai de trois jours au minimum, qui lui sera, dans tous les cas, obligatoirement accordé.

Il est vrai que M. Jullien prévoit l'objection dans une autre partie de son discours. Il y répond en disant que la prohibition de la procédure des flagrants délits aura normalement pour effet d'allonger ce délai. C'est une erreur, car le ministère public peut toujours citer le prévenu à comparaître à trois jours francs, et s'il y a eu instruction préparatoire, c'est seulement pendant ce délai de trois jours francs que le prévenu obtiendra communication officieuse du dossier et pourra préparer utilement sa défense.

L'amendement n'avait donc pas grande utilité, mais ce qu'il importe de relever, c'est, dit-on, qu'il tendait seulement à prolonger les délais accordés au prévenu pour préparer sa défense. Le tribunal donnera donc satisfaction à la lettre et à l'esprit de la loi en renvoyant à trois jours francs la cause dont il a été saisi en vertu de la procédure des flagrants délits.

Cette doctrine est séduisante en pratique : elle donne satisfaction aux intérêts du prévenu, et d'autre part elle n'entrave pas l'application de la loi du 20 mai 1863. Mais elle nous semble contraire à la lettre du texte qui, dans sa précision, révèle mieux que tous les commentaires la pensée du législateur. On n'applique jamais, dit en substance l'art. 11, la procédure des flagrants délits à une poursuite qui serait de nature à entraîner la relégation. Qu'est-ce à dire sinon que tous les actes de procédure faits conformément à la loi de 1863 sont nuls, radicalement nuls? Dès lors, que sert de prouver grammaticalement que les mots « à peine de nullité » placés à la fin du texte se rapportent seulement à la nomination d'un défenseur d'office. Tous les actes de procédure sont nuls : le mandat de dépôt aussi bien que l'acte qui a saisi le tribunal correctionnel.

Une doctrine intermédiaire a prétendu cependant que le mandat de dépôt décerné par le Procureur de la République restait valable (1); mais elle se heurte à la même objection que le système plus absolu de M. Laborde. Si la

(1) Cour de Bordeaux, 13 janvier 1886, *Pand. fr.* 1886. II. 313; — Cour Grenoble, 17 mars 1886, *Pand. fr.* 1887. II. 337.

loi prohibe tous les actes de procédure faits en vertu de la loi de 1863 et les déclare nuls, il n'y a pas de distinctions à faire; tous étant également viciés, la procédure doit être reprise *ab initio* (1).

La jurisprudence, après quelques hésitations, semble s'être définitivement rangée à notre doctrine. La Cour de cassation l'a consacrée dans deux arrêts des 2 et 15 juillet 1886 (2). Nous venons de voir que les Cours de Bordeaux et de Grenoble avaient donné des solutions différentes (arrêts du 13 janvier et du 17 mars 1886) et avaient admis que le mandat de dépôt décerné par le Procureur de la République subsistait malgré la nullité de la procédure.

Quelles sont les conséquences du système admis par la Cour suprême?

Le Procureur de la République, ayant suivi la procédure des flagrants délits, a traduit directement le prévenu : le tribunal le renverra alors purement et simplement et l'on reprendra la procédure ordinaire. — Il y a eu citation, le tribunal annulera alors la citation et renverra le ministère public à se pourvoir. S'il se pourvoit, la Cour saisie par cet appel devra annuler la procédure *ab initio*, en bloc, c'est-à-dire que le mandat de dépôt aussi bien que l'acte qui a saisi le tribunal seront déclarés nuls.

Nous avons supposé jusqu'ici que l'art. 11 avait été violé

(1) *Sic* : Tesseire, pp. 307 et suiv.; — Tournade, pp. 70 et suiv.; — Jambois, pp. 19 et 81; — De Neyremand, *Journ. de droit crim.*, 1886, p. 101; — Sauvajol, *Gazette des tribunaux*, 1885; — R. Jay, note. Sir. 1886. II. 65; — Garraud, *Traité*, t. II, n° 220.

(2) *Pand. fr.* 1886. I. 189. 190. — *Adde* : Trib. Seine, 7 décembre 1885 journal *la Loi*, 9 décembre 1885; — Cour de Rennes, 6 janvier 1886. *Pand. fr.* 1886. II. 133; — Cour de Limoges, 11 février 1886, *Pand. fr.* 1886. II. 133.

seulement par le Procureur de la République; il peut l'avoir été par le tribunal correctionnel. Il faut supposer que les juges ont ignoré que le prévenu était relégable, par suite d'une erreur sur son identité par exemple. On a donc suivi jusqu'au bout la procédure des flagrants délits et une condamnation a été prononcée. Le ministère public fait appel, l'identité du prévenu est établie et la Cour trouve dans le casier judiciaire la preuve qu'il est récidiviste et relégable. Il est clair que le jugement doit être annulé; mais il faut encore décider dans la doctrine de la jurisprudence que les actes de procédure doivent être annulés *ab initio* (1).

Dans les deux autres systèmes, on décide ou bien que le mandat de dépôt subsiste seul, ou bien que l'acte qui a saisi le tribunal correctionnel subsiste avec lui.

Quelque opinion que l'on adopte, une question accessoire se pose à la suite de l'annulation du jugement. La Cour peut-elle et par suite doit-elle évoquer l'affaire devant elle? L'art. 215 du Code d'instr. criminelle semble lui en faire un devoir. Il décide que « si le jugement est annulé pour violation ou omission des formes prescrites par la loi à peine de nullité, la Cour statuera au fond ».

Or, la Jurisprudence a toujours entendu de la façon la plus large ce texte si absolu dans ses termes. Un arrêt de

(1) La Cour d'appel peut-elle décerner un nouveau mandat de dépôt en échange de celui qui a été annulé? L'art. 214 C. instr. crim. décide qu'au cas d'annulation du jugement la Cour peut décerner un nouveau mandat de dépôt ou même un mandat d'arrêt. La Cour de cassation décide que c'est là une disposition exceptionnelle qui ne peut recevoir application dans le cas où le jugement a été annulé pour violation de l'art. 11 L. du 17 mai 1885. Pour parler plus exactement, il faudrait dire qu'il n'y a pas en l'espèce annulation d'un jugement, mais seulement de la procédure. L'art. 214 ne vise pas cette hypothèse.

la Cour de cassation (1) résume ainsi la doctrine de la Jurisprudence : « Dans tous les cas, sauf celui d'incompétence, les Cours d'appels, quand elles annulent un jugement correctionnel pour violation ou omission des formes prescrites par la loi, doivent évoquer ou retenir le fond, sans distinguer entre le cas où l'irrégularité s'attache à l'instruction ou au jugement, et celui où elle se réfère à l'acte en vertu duquel le tribunal a été saisi. »

Dans l'espèce, le tribunal correctionnel a été irrégulièrement saisi. la Cour doit donc évoquer le fond de l'affaire conformément à ce que décide formellement la Cour de cassation (2).

Cependant, certains auteurs n'ont pas admis ce système (3) auquel ils ont adressé des objections assez graves. En statuant définitivement la Cour n'enlève-t-elle pas au prévenu les garanties de justice réfléchie que précisément le législateur de 1885 a entendu lui assurer? L'évocation n'est-elle pas en contradiction avec l'esprit dont s'inspire l'art. 11 de la loi? Peut-être eût-il fallu en effet réserver dans tous les cas au prévenu la garantie de deux degrés de juridictions? L'argument est sérieux, mais il ne saurait prévaloir contre les termes énergiques et précis de l'art. 215 C. Instr. crim.

On invoque alors un autre argument plus spécieux : la nécessité d'une information préalable (4). « Attendu, dit la Cour de Bordeaux (5), qu'il y a lieu de réformer le juge-

(1) 7 juin 1878. Sir. 1880. I. 285.

(2) Tesseire, p. 310 ; — Tourade, p. 70 ; — Jambois, p. 80 ; — R. Jay, note Sir. 1880. II. 66.

(3) Sauvajol, *Gazette des Tribunaux*, 19 décembre 1885 ; — Garraud, t. II, n° 220.

(4) Sauvajol, *l. c.*

(5) Arrêt du 13 janvier 1886. Sir. 1886. II. 66.

ment pour omission d'une formalité substantielle ; que la *nécessité d'une information préalable ne permet pas à la Cour d'évoquer et de statuer définitivement ;* — Par ces motifs ; — Réformant ; — Annule pour vice de forme le jugement du tribunal correctionnel de Bordeaux en date du 8 décembre dernier ; — *Renvoie le ministère public à se pourvoir en saisissant le juge d'instruction*, tous mandats décernés subsistant .»

«Est-il exact que l'information préalable soit légalement nécessaire toutes les fois que la poursuite peut aboutir à la relégation du prévenu ? Il y aura sans doute de sérieuses raisons d'y recourir. Si, en droit, la relégation est obligatoire pour le juge, en fait il dépend de lui d'en écarter l'application en atténuant la dernière condamnation dont il est maître de fixer la mesure. Une instruction qui éclaire le juge sur le concours des condamnations antérieures lui sera donc d'un précieux secours. Mais ce serait exagérer la portée de l'art. 11 de la loi que d'y voir consacrée la nécessité légale d'une instruction. Ce texte défend au ministère public d'user des voies extraordinaires qu'autorise la loi des flagrants délits ; mais en dehors de ces voies extraordinaires le tribunal peut être saisi sans que cependant il y ait eu instruction préparatoire. C'est ainsi qu'il peut être saisi par la citation directe à trois jours francs, ou même par la citation de la partie civile ; aucun texte n'interdit l'emploi de ces procédures lorsque le prévenu est relégable. Peut-être seront-elles même rarement employées en fait ? L'essentiel pour nous est qu'elles soient possibles légalement.

Nous sommes ainsi amenés à conclure que, l'instruction préalable n'étant pas nécessaire, rien ne s'oppose à ce que la Cour évoque l'affaire devant elle.

La jurisprudence semble, après quelques hésitations (1), avoir définitivement consacré cette solution. Admise par un grand nombre de Cours d'appel, elle a triomphé devant la Cour, de cassation (2). Cependant la jurisprudence de la Chambre criminelle semble au début avoir été un peu flottante. Un arrêt de rejet du 10 juin 1886 (3) décide que la Cour après avoir annulé le jugement du tribunal correctionnel, a pu très valablement se dessaisir et que le tribunal est resté compétent pour connaître de l'affaire. On a prétendu, il est vrai, que cette décision s'expliquait par des considérations d'espèce : qu'en fait, le jugement du tribunal d'Ussel, qu'avait annulé l'arrêt de la Cour de Limoges, n'avait pas statué au fond (4). C'est là une affirmation inexplicable, puisque le tribunal correctionnel saisi par la procédure des flagrants délits avait condamné le prévenu, quoique relégable, à un an et un jour de prison. C'est bien là l'hypothèse la plus habituelle où s'impose l'évocation.

Mais est-il vrai de dire que dans toutes les hypothèses où elle annulera un jugement correctionnel rendu con-

(1) Cf. Rennes, 6 janvier 1886; Bordeaux, 13 janvier 1886. Sir. 1886. II. 66 et 67. *Pand. fr.* 1886. II. 133.

(2) Riom, 17 février 1886 ; Nîmes, 15 avril 1886; *Pand. fr.* 1886. II. 133; Grenoble, 17 mars 1886; *P. fr.* 1887. II. 337; Paris, 27 mai 1886; *P. fr.* 1886. II. 187. — Crim. Cass., 2 juillet et 15 juillet 1886; *P. fr.* 1886. II. 189. — Crim. Cass., 23 juillet 1886 ; *D. P.* 1887. I. 283. — *Adde* : Cour Paris, 23 février 1887, 27 novembre 1889, 23 janvier 1890; *D. P.* 1890. II. 255.

(3) *P. fr.* 1886. I. 142.

(4) *Sic* : Tesseire, p. 309. Mais, comme nous le disons au texte, cet auteur se met en contradiction avec lui-même. Il suppose tout d'abord que le tribunal, mal éclairé sur les antécédents du prévenu, le condamne en observant la procédure des flagrants délits ; la Cour, mieux informée, annule le jugement. D'après cet auteur, elle doit évoquer. Or, c'est identiquement l'espèce prévue par nos arrêts.

trairement aux prescriptions de l'art. 11, la Cour devra évoquer l'affaire devant elle ? Il se pourrait que le tribunal saisi par la procédure des flagrants délits, mais averti que le prévenu est relégable, lui ait seulement accordé un délai de trois jours francs pour sa défense en laissant subsister les actes de procédure accomplis. C'est en ce sens que certains auteurs interprètent l'art. 11. Mais la jurisprudence tient pour la nullité absolue des actes de procédure faits contrairement à la loi : la Cour devra donc annuler le jugement du tribunal correctionnel qui prononce la relégation lorsqu'il aura été rendu dans de telles conditions. Elle devra en même temps évoquer la cause et statuer directement sur l'affaire.

Le droit d'évocation s'exercerait encore si la Cour annulait le jugement faute de nomination d'un défenseur d'office.

§ 2

Nomination d'un défenseur d'office

C'est là la deuxième règle spéciale de procédure édictée par l'art. 11. Nous en avons déjà donné par avance la raison d'être : il ne faut pas que le prévenu, exposé à voir prononcer contre lui une peine aussi rigoureuse que la relégation, soit laissé sans défense. Cela d'autant mieux que l'appréciation des faits est ici très compliquée puisqu'on envisage un grand espace de temps et un nombre souvent considérable de condamnations. En outre, aucune matière de droit pénal ne donne lieu à des difficultés juridiques plus sérieuses, plus délicates que la matière de la relégation; la subtilité d'un jurisconsulte rompu aux affaires et à la pratique du droit peut seule tirer parti de ces difficultés au point de vue de la défense. Il est vrai que cette considération a pu échapper au législateur de 1885 qui, comme bien d'autres, ne sentait pas comme son œuvre était compliquée, touffue et combien de détails d'application pratique restaient à fixer.

Quoi qu'il en soit, les motifs de la loi précisent sa portée sur ce point. Le tribunal n'est tenu de nommer d'office un défenseur au prévenu qu'autant que celui-ci n'en aura pas personnellement choisi un; il suffit que l'inculpé soit assisté d'un défenseur pour que l'art. 11 soit obéi. C'est donc à tort qu'on a contesté cette solution en se fondant sur la lettre du texte « un défenseur sera nommé d'office au prévenu à peine de nullité (1) ».

Ceci posé, la règle doit être entendue de la manière la plus large. C'est ainsi que la Cour de cassation a décidé (2) qu'elle ne s'appliquait pas seulement au cas où c'est la relégation proprement dite qui est encourue par le prévenu, mais qu'elle devait être étendue par analogie au cas où la peine est remplacée soit par l'interdiction perpétuelle de séjour, soit par la mise en correction, à raison de l'âge du prévenu (art. 6 et 8 de la loi). C'est que ce ne sont pas là des mesures administratives, mais de véritables pénalités prononcées par l'arrêt ou le jugement. Nous verrons qu'elles ne sont applicables qu'autant qu'on est dans un des quatre cas de relégation. — Il est permis d'en conclure qu'elles en tiennent lieu et qu'elles ne peuvent être valablement prononcées qu'autant que les formes requises par la loi en matière de relégation ont été observées.

(1) Teisseire, *l. c.*, p. 209.
(2) Crim. Cass., 25 mars 1887. *P. fr.* 1887. 1. 391.

Le prévenu relégable doit être assisté par un défenseur à tous les degrés de la juridiction correctionnelle, en première instance comme en appel; l'arrêt qui prononce la relégation doit à peine de nullité constater qu'il a été satisfait aux exigences de la loi. C'est ce que décident de nombreux arrêts (1).

On ne peut du reste désigner un défenseur d'office au prévenu qu'autant qu'il ne fait pas défaut. Nommer un défenseur d'office au prévenu défaillant, ce serait, dit-on, le défendre malgré lui. On serait embarrassé pour définir la nature d'un jugement qui serait rendu dans ces conditions; serait-ce un jugement contradictoire ou un jugement par défaut? — L'inculpé a d'ailleurs toutes les garanties voulues : s'il juge la condamnation trop sévère, s'il estime qu'il ne méritait pas la peine de la relégation, il n'a qu'à former opposition au jugement dans les délais fixés par l'art. 187 C. Instr. cr. Il est ainsi plus efficacement protégé que par l'intervention d'un défenseur officieux dont il ne saurait contrôler les paroles (2).

(1) Crim. Cass., 26 août 1886. *P. fr.* 1888. I. 222. — Lyon, 20 décembre 1886. *P. fr.* 1887. II, 416. — Cass. crim., 25 mars 1887. *P. fr.* 1887. I. 391. — Cass. crim. 25 mars 1890. *P. fr.* 1891. I. 109. — Cass. Crim., 17 septemb. 1891. *P. fr.* 1892. I. 285. — Cass. Crim., 19 juillet 1895 et 23 novemb. 1895. *P. fr.* 1896. I. 484. — Ces arrêts exigent presque tous que l'arrêt mentionne que l'inculpé a été assisté d'un défenseur en appel.

Ces solutions sont également adoptées par les auteurs. — Berton, *l. c.*, nos 210 et s., 216 *bis* et 409 *in f.* — Depeiges, *l. c.*, n° 49, p. 84. — Tournade, *l. c.*, n° 24, p. 71. — Le Poittevin, *l. c.*, n° 49, p. 84.

(2) Un récidiviste peut-il être relégué par défaut? Il semble que non puisque d'une part, un récidiviste ne peut être relégué qu'autant qu'il a été assisté d'un défenseur; or un avocat n'est pas admis à plaider pour un prévenu qui fait défaut. On soutient qu'il y a oubli du législateur. Dans les travaux préparatoires on n'aurait songé qu'à l'hypothèse du jugement contradictoirement rendu. On conclut que l'art. 11 n'a pu modifier sans s'en exprimer formellement les pouvoirs du tribunal jugeant par défaut. On ajoute que le récidiviste trouverait dans un défaut habilement calculé le moyen de se soustraire à la relégation si le tribunal ne pouvait la prononcer contre lui. Il se laisserait condamner par défaut, puis se contenterait après

On s'est encore demandé à quel moment le défenseur d'office devait être désigné pour satisfaire aux exigences de la loi, et qui pouvait le désigner.

La première question est une question de fait. Il suffit qu'en fait le défenseur ait été désigné en temps utile pour que la défense du prévenu soit assurée de manière effective.

Le second point ne soulève pas davantage de difficultés. C'est en principe au Président et à lui seul qu'appartient le droit de désigner le défenseur d'office : ce sera donc suivant les cas le président des assises, ou le président de la chambre correctionnelle du tribunal ou de la Cour qui fera cette désignation (1).

Si le Président a négligé de désigner au prévenu un défenseur d'office, la conséquence est la nullité. Ici encore pas de difficulté ; le texte est en effet conçu en termes précis « à peine de nullité ». Mais ce qui est nul, c'est le jugement, non la procédure dans son ensemble, et si l'on a suivi les formes légales par ailleurs le tribunal reste valablement saisi. Il est vrai que c'est un point de peu d'importance, car s'il est fait appel du jugement la Cour devra l'annuler et évoquer l'affaire devant elle.

SECTION III

APPLICATION DE LA RELÉGATION PAR LE JUGE

Nous supposons désormais la procédure légale régulièrement observée, la preuve faite par le juge que l'indivi-

coup d'acquiescer, ou même formerait opposition si l'on admet que la peine ne peut être aggravée sur opposition.

(1) Art. 294 C. Instr. cr. cbn. avec art. 29 L. 22 janv. 1851 sur l'assistance judiciaire.

du est relégable à raison de la dernière condamnation qui vient d'être prononcée contre lui. Quel est le devoir du juge?

Il doit en principe, s'il est compétent, prononcer la relégation; c'est pour lui une obligation légale à laquelle il ne peut se soustraire et, s'il y manque, sa décision encourra la censure de la Cour de cassation. Telle est la règle générale; mais dans certains cas il jouit d'un certain pouvoir d'appréciation : la relégation est pour lui facultative. Dans d'autres cas enfin la loi lui défend de reléguer le récidiviste et elle substitue à la peine de la relégation d'autres mesures d'ordre pénal.

Étudions successivement ces différents points.

§ 1er

Du juge compétent pour prononcer la relégation.

En principe, les cours et tribunaux ordinaires peuvent seuls prononcer la relégation (art. 2 de la loi) : « la relégation ne sera prononcée que par les cours et tribunaux ordinaires comme conséquence des condamnations encourues devant eux. »

Il s'ensuit que les conseils de guerre permanents des corps d'armée et des arrondissements maritimes ne peuvent prononcer la relégation. Ce point n'est pas douteux, car le Sénat repoussa un amendement du général Robert qui donnait ce droit aux tribunaux militaires (séance du 9 février 1885). Le législateur a considéré que les condamnations prononcées par les juridictions militaires sont d'une sévérité excessive et que les conseils de guerre auraient sans doute appliqué la relégation hors de propos.

Ceci même explique que les tribunaux ordinaires ne soient pas obligés de tenir compte, pour la relégation, des condamnations prononcées par les tribunaux militaires, mais jouissent à cet égard d'une complète liberté d'appréciation.

Telle quelle, la loi encourt le reproche de manquer d'harmonie. Les conseils de guerre ne peuvent jamais, avons-nous dit, prononcer la relégation, mais les tribunaux ordinaires peuvent tenir compte des condamnations émanant des conseils de guerre : d'où cette situation singulière qu'un individu, pour des faits identiques, sera ou ne sera pas relégué, selon les cas. Supposons en effet un récidiviste qui soit dans l'une des catégories prévues par l'art. 4 ; trois hypothèses peuvent se présenter :

1° Il est condamné exclusivement par des tribunaux ordinaires ; il sera forcément relégué ;

2° Il est condamné pour les mêmes faits d'abord par un tribunal ordinaire, en dernier lieu par un tribunal militaire ; il ne pourra jamais être relégué ;

3° Il est condamné, toujours pour les mêmes infractions, d'abord par un tribunal militaire, ensuite par un tribunal ordinaire ; il sera ou ne sera pas relégué, selon qu'il plaira aux juges de décider.

Ce n'est pas tout. Un militaire qui a un complice civil ne relève que de la juridiction ordinaire ; il pourra donc encourir la relégation qui n'aurait pu être prononcée contre lui, si, n'ayant pas eu de complice civil, il avait été jugé par le conseil de guerre.

En réalité, pour éviter ces contradictions, il eût suffi de décider que toutes les fois qu'un récidiviste serait relégable à raison d'une condamnation prononcée par un tribunal militaire, un tribunal ordinaire serait appelé à statuer sur l'application accessoire de la relégation.

On a fait remarquer à la Chambre les anomalies qui découlent naturellement de l'art. 2 (séance du 12 mai 1885), mais les observations n'ont sur ce point donné aucun résultat. Au cours de la seconde délibération du Sénat (séance du 6 février 1885), un certain nombre de sénateurs, MM. Barbey, E. Roger, Dusolier, Brossard, ont même été jusqu'à demander la suppression de l'art. 2. C'était dépasser le but : il valait à coup sûr mieux laisser subsister l'art. 2 avec quelques contradictions que de supprimer une mesure fort large dans son principe.

Dans une hypothèse exceptionnelle, les conseils de guerre peuvent prononcer la relégation. Il suffit de rappeler la disposition de l'art. 20 : « En Algérie, par dérogation à l'article 2, les conseils de guerre prononceront la relégation contre les indigènes des territoires de commandement qui auront encouru, pour crimes ou délits de droit commun, les condamnations prévues par l'art. 4 ci-dessous. »

Ainsi donc les tribunaux de droit commun peuvent seuls appliquer la relégation ; mais tous sont également compétents à cet égard, les tribunaux correctionnels comme les cours d'assises.

Il y eut de nombreux amendements ayant pour objet de déférer tous les cas de récidive entraînant la relégation à la juridiction du jury auquel la question de transportation serait posée. Ces amendements ont été repoussés avec raison. La catégorie de malfaiteurs qu'atteint la loi, ce sont surtout les récidivistes de délits à délits, ressortissant des tribunaux correctionnels. Pourquoi les déférer à la Cour d'assises? C'est ce qu'exprimait déjà M. Gerville-Réache dans son premier rapport (1) : « Lorsqu'un malfaiteur a commis un, deux, trois délits, il est passible de la police correctionnelle et le fait par lui d'avoir commis un quatrième délit dans les conditions prévues par la loi lui donnerait droit à une juridiction plus élevée, au bénéfice du jury, à un privilège? Le fait d'être des malfaiteurs plus endurcis que d'autres constituerait à certains individus une prérogative, celle d'être jugés par le jury. La raison est d'accord avec les principes de compétence en matière criminelle pour repousser une semblable prétention. » — La Chambre repoussa du reste les divers amendements ayant pour objet de déférer à la Cour d'assises et au jury toutes les poursuites pouvant entraîner la relégation (2).

Le juge de droit commun compétent est celui qui a compétence pour statuer sur la dernière infraction commise lorsque cette infraction est de nature à faire reléguer le récidiviste. Il doit prononcer la relégation peine complémentaire, en même temps que la peine principale (art. 10 de la loi) « le jugement ou l'arrêt prononcera la relégation en même temps que la peine principale ».

Il se peut que, par suite d'une erreur du tribunal, par suite du défaut ou d'une inexactitude du casier judiciaire, la relégation n'ait pas été prononcée contre un récidiviste relégable; puis le jugement n'a pas été attaqué, il est passé en force de chose jugée. Un jugement qui prononce une nouvelle condamnation contre le récidiviste ne peut corriger l'ancienne décision et appliquer la peine de relégation si l'infraction sur laquelle il a statué n'est pas de

(1) 17 mars 1883. *J. off.* mai, p. 569, annexe n° 1810.
(2) Séances des 21, 26, 28 avril, 1er mai, 23 juin 1883.

nature à entraîner cette peine, si c'est une infraction politique, par exemple (1).

§ 2

Du caractère obligatoire de la relégation.

Quel est le devoir du juge à supposer qu'il soit compétent et que le prévenu soit relégable aux termes de la loi? Il *doit* prononcer la relégation ; c'est là un point certain : l'article 4 s'exprime en effet en termes impératifs, « seront relégués, etc... ».

Donc, en principe, aucune liberté d'appréciation pour le juge : il a les mains liées. On a vivement critiqué cette disposition de la loi qui avait déjà fait l'objet de vives discussions dans les travaux préparatoires (2). A la Chambre, MM. Jullien, Gatineau, Moreau, de Soland, Mgr Freppel déposèrent des amendements tendant à faire remplacer les mots « seront relégués » par « pourront être relégués ». M. Laroze, membre de la commission de la Chambre, se prononça contre la relégation facultative (séances des 21, 26 avril 1883 ; 9 mai 1885).

Au Sénat, la relégation obligatoire fut combattue par M. Em. Labiche (séance du 9 février 1885).

On a fait valoir (3) et on fait encore valoir que la relégation, peine accessoire et perpétuelle, ne se justifie que par l'incorrigibilité constatée de l'agent. Or, le degré d'incorrigibilité du prévenu ne peut être exactement apprécié

(1) Cf. Paris, 1er février 1887. *D. P.* 1887. II. 197. — Crim. Cass., 17 octobre 1891. *D. P.* 1892. I. 40.

(2) Voy. notamment Ch. Floquet, Disc. à la Ch., *J. off.*, 26 juin 1883, p. 1445.

(3) V. Reinach, *Rev. politiq. et litt.*, 22 octobre 1881, pp. 522, 523.

que par la cour ou le tribunal chargé de le juger (1). Il s'agit en somme d'une mesure de sécurité, de préservation sociale : ce n'est que par l'examen individuel du prévenu qu'on peut savoir si la société a vraiment intérêt à l'expatriation du récidiviste. — On ajoute qu'une loi qui prononce la relégation de plein droit est une loi de défiance contre la magistrature. — Enfin, il est à redouter qu'en présence d'un prévenu contre lequel il ne croit pas devoir prononcer la relégation le juge préfère acquitter ou prononcer une peine inférieure à trois mois de prison manifestement insuffisante, plutôt que d'appliquer une peine qui entraînerait la relégation.

Ces critiques sont fondées ; mais on peut par d'excellents arguments défendre la loi.

On dit tout d'abord qu'il y a quelque chose de choquant à ce qu'un juge de police correctionnelle, qui ne peut appliquer de peines dépassant cinq ans de prison (si ce n'est qu'exceptionnellement en cas de récidive), puisse prononcer une peine perpétuelle comme la relégation ; or ce n'est plus le juge, c'est la loi elle-même qui la prononce en vertu d'une présomption légale d'incorrigibilité, établie par des rechutes successives et répétées. — Il est vrai que l'objection n'est pas concluante. Dans certains cas, la relégation est facultative pour le juge; dans tous les cas elle n'est pas encourue de plein droit à raison des condamnations antérieures, c'est donc bien le juge qui la prononce. On ne voit pas du reste ce que peut avoir de choquant une loi qui étend considérablement les pouvoirs du juge correctionnel en lui permettant d'appliquer une peine perpétuelle de nature tout à fait spéciale.

(1) Normand, n° 306, 4°.

On fait valoir en faveur du système de la loi d'autres raisons plus sérieuses. Le magistrat qui applique avec fermeté des peines de courte durée répugne de plus en plus aux condamnations sévères, même lorsqu'il est en présence de récidivistes. Si la relégation eût été facultative, il n'eût en fait presque pas appliqué cette peine. L'efficacité de la loi eût été compromise.

En réalité, la liberté d'appréciation laissée au juge est beaucoup plus grande qu'on ne le prétend. Le plus souvent il ne prononce des condamnations d'une certaine gravité que pour rendre le prévenu relégable : de là la fréquence des condamnations à trois mois et un jour d'emprisonnement. En somme le contrôle des magistrats s'exerce effectivement sur toute la série des condamnations qui rendent le récidiviste relégable ; et ce contrôle est encore très réel au moment de la dernière condamnation, puisqu'en fait le juge est maître de tempérer la condamnation et de l'abaisser au-dessous du minimum fixé par la loi de 1885. Que si les faits étaient trop graves et trop pertinents pour qu'il pût agir ainsi, on se demande sur quoi il pourrait bien se fonder pour ne pas prononcer la relégation et de quel droit il méconnaîtrait les appréciations successives des juges précédents, qui tous ont prononcé des condamnations sévères contre le récidiviste.

Voilà le point de vue auquel il faut se placer, croyons-nous, pour défendre la loi. C'est aussi en partant des mêmes idées que nous pensons pouvoir expliquer les exceptions à la règle que la relégation est obligatoire pour le juge.

Donner aux magistrats un pouvoir absolu d'appréciation en cette matière, c'est les autoriser à contrôler et à réviser les décisions des juges antérieurs, à l'égard desquelles on manifeste une défiance excessive et peu justifiée. Ce contrôle sera cependant légitime lorsqu'il s'agira de décisions émanant d'une juridiction exceptionnelle, telle que les conseils de guerre. Le juge sera maître d'en tenir compte ou de les négliger; c'est une hypothèse où la relégation est facultative.

Elle l'est encore dans les hypothèses prévues par les lois récentes sur les menées anarchistes et sur les associations de malfaiteurs (L. 28 juillet 1894 et 18 décembre 1893). Mais ici les motifs de la loi sont très différents.

La loi du 18 décembre 1893 autorise le juge à prononcer la relégation contre les anarchistes qui auraient été condamnés en vertu de l'art. 265 nouveau (C. pén.), alors même que ce seraient des délinquants primaires. Dès lors la présomption d'incorrigibilité n'a plus de fondement, puisqu'il n'y a plus la garantie des condamnations successives. Aussi une appréciation individuelle est nécessaire; le juge seul peut décider si la société a intérêt à se débarrasser du délinquant. — La loi du 28 juillet 1894 vise les faits de propagande anarchiste. Elle suppose qu'un individu ayant été déjà condamné à un an d'emprisonnement pour ces faits encourt, dans un délai de dix ans, une nouvelle condamnation à plus de trois mois d'emprisonnement, pour les mêmes faits ou pour crime ou délit de droit commun. La relégation est ici facultative pour le juge, ce qui peut surprendre, car il ne s'agit pas de frapper un délinquant primaire, mais bien un récidiviste. Le délit prévu par la loi est ici de nature trop particulière pour que d'une rechute unique on puisse tirer une présomption d'incorrigibilité.

§ 3

Des cas où le juge ne doit pas prononcer la relégation.

A côté des cas où le juge peut ou doit prononcer la relégation, il en est où il ne doit pas l'appliquer, bien que le récidiviste soit dans les conditions voulues par la loi. La relégation est alors, à raison de l'âge du prévenu, remplacée par d'autres mesures dont l'étude trouve naturellement sa place ici.

Le principe est que toute personne qui a subi le nombre de condamnations exigé par la loi doit être reléguée. On ne distingue pas, à cet égard, entre les Français et les étrangers; la loi de 1885 est, en effet, une loi de police et de sûreté, et à ce titre elle oblige tous ceux qui habitent le territoire (art. 3 C. civ.).

Il est vrai que l'art. 8, § 2, de la loi du 3 décembre 1849 sur la naturalisation et le séjour des étrangers en France porte que tout étranger condamné pour infraction à un arrêté d'expulsion doit, à l'expiration de sa peine, être conduit à la frontière : ce qui pourrait mettre en doute que la relégation lui soit applicable. Il n'en est rien. Le législateur, en édictant la peine de la relégation contre certaines catégories de récidivistes, dans un intérêt de haute police et de sécurité sociale, n'a établi aucune distinction entre les récidivistes de nationalité française et ceux de nationalité étrangère (1). On ne comprendrait pas, d'ailleurs, pour quel motif les étrangers seraient mieux traités que les Français, ni comment le Gouverne-

(1) Sic, Cass., 5 mars 1886. *D. P.* 1886. I. 138. — Cour de Limoges, 11 février 1886. *D. P.* 1886. II. 249.

ment pourrait débarrasser notre territoire d'étrangers qui, enfreignant sans peine les arrêtés d'expulsion pris contre eux, rentreraient en France aussi souvent qu'ils en seraient chassés. Au surplus, la pensée du législateur de 1885 a bien été d'assimiler les étrangers aux Français au point de vue de la relégation; car dans la discussion de la loi, il a été dit formellement qu'on avait deux moyens de se débarrasser des étrangers : l'expulsion en vertu de la loi de 1849 et la relégation si l'étranger est dans un des cas prévus par l'art. 4 (1).

La relégation s'applique donc aux étrangers comme aux Français; c'est également une peine commune aux hommes comme aux femmes : *lex non distinguit*. Seul l'âge des condamnés influe, comme nous l'avons dit, sur son application. « La relégation, dit l'art. 6, n'est pas applicable aux individus qui seront âgés de plus de soixante ans ou de moins de vingt et un ans à l'expiration de leur peine. »

La loi s'est inspirée du motif d'humanité qui avait fait dispenser de la transportation les forçats âgés de plus de soixante ans. C'est qu'en effet les situations sont analogues, les mêmes considérations d'humanité peuvent être invoquées : il eût été cruel d'imposer à des vieillards dont les jours sont comptés les fatigues d'une longue traversée et les dangers d'un climat nouveau.

Mais à quelle époque fallait-il se placer pour apprécier l'âge du condamné? Cette question ne se posait pas pour l'application de la loi de 1854, puisqu'aussitôt la sentence prononcée la peine de la transportation devait être subie. Donc, si l'individu au moment de la condamnation avait

(1) Réponse de M. le Ministre de l'Intérieur à M. Fréry. Ch. des députés. Séance 7 mai 1883, *J. off.* 8 mai; *Débats parl.*, p. 862.

moins de soixante ans, il devait être transporté; si au contraire il avait plus de soixante ans, il jouissait du bénéfice de l'art. 5 de la loi de 1854.

La question n'est plus aussi simple au cas de relégation. Voici, par exemple, un récidiviste relégable qui a cinquante-neuf ans; il est condamné à dix ans de réclusion : à l'expiration de la peine, il aura donc soixante-neuf ans. Si l'on considère l'âge au moment de la condamnation, il devra être relégué; si au contraire on considère l'âge au moment de l'expiration de la peine, il ne devra pas l'être.

C'est pour éviter toute équivoque que l'on a ajouté à l'art. 6 de la loi ces mots « à l'expiration de la peine » qui ne figuraient pas dans le texte lors de la première délibération.

Le juge, pour savoir s'il doit ou non prononcer la relégation, n'a donc qu'une seule question à se poser : quel sera l'âge du condamné au jour de l'expiration? Aura-t-il plus de soixante ans, il ne sera pas relégué. Peu importe que dans la suite, pour une cause ou pour une autre, la peine prenne fin avant que le condamné ait atteint l'âge de soixante ans : il pourrait en être ainsi au cas de commutation ou si la peine est subie en cellule. Le juge ne peut prévoir quelle sera en fait la durée de la peine; il ne prononcera pas la relégation par application de ce principe que toute peine prononcée est censée devoir être intégralement subie (1).

Donc c'est de l'âge précis du récidiviste à l'expiration de la peine que dépend le point de savoir s'il doit être relégué. Mais comment calculer la date de l'expiration de

(1) Garraud, *Traité*, t. II, n° 202.

peine; ce calcul suppose la détermination du point de départ de la peine, et l'on se trouve ici en présence d'une difficulté presque insoluble.

Le juge peut-il prendre comme point de départ l'époque à laquelle commencera en fait l'exécution de la peine? Ce serait à coup sûr la solution la plus simple et la plus naturelle; elle est conforme à l'art. 23 nouveau du Code pénal (loi des 15-17 novembre 1892) : « La durée de toute peine privative de liberté compte du jour où le condamné est détenu en vertu de la condamnation devenue irrévocable qui prononce la peine. » Mais le juge ne peut savoir à quel moment commencera en fait la détention et ne saurait prendre comme base de son calcul une date qu'il ignore.

Nous supposons bien entendu qu'il n'y a pas eu détention préventive. C'est l'hypothèse la moins pratique, mais c'est aussi la plus simple; il convient de l'examiner séparément.

Nous disons que le juge ne peut prendre comme base de son calcul le moment où la peine commencera d'être exécutée en fait : c'est une date qu'il ne connaît pas. Il ne peut davantage s'arrêter à l'époque où sa décision, ayant acquis l'autorité de la chose jugée, sera légalement exécutoire; il ignorera presque toujours, en effet, le moment précis où sa décision deviendra définitive. Prenons un exemple. C'est le juge d'appel qui a statué sur le sort du récidiviste; l'arrêt de la Cour deviendra inattaquable par l'expiration des délais accordés au condamné pour se pourvoir en cassation. Mais si le condamné s'est pourvu, l'arrêt de la Cour n'aura l'autorité de la chose jugée qu'autant qu'un arrêt de rejet aura été rendu par la Chambre Criminelle. Donc le point de départ ne saurait être l'époque ignorée du juge où sa décision deviendra définitive.

On est ainsi amené nécessairement à fixer comme point de départ de la peine une date arbitraire, mais qui, dans tous les cas, puisse être connue du juge. Celle à laquelle il est le plus naturel de s'arrêter, c'est la date du jugement ou de l'arrêt qui statue sur le sort du récidiviste. A coup sûr, cette solution n'est pas conforme à l'art. 23 du Code pénal; mais nous avons vu qu'il est impossible en fait au juge de se conformer à ce texte (1).

Quelles sont les conséquences de ce système? Un récidiviste est condamné le 1er septembre 1895 à un an de prison par le tribunal correctionnel. Le 1er septembre 1896 il n'a pas encore soixante ans; le juge prononce la relégation. Mais le condamné fait appel et la Cour confirme le jugement du tribunal correctionnel. Le prévenu ayant gagné du temps, il se trouve que, si l'on prend pour point de départ la date de l'arrêt et non plus celle du jugement, il n'est plus relégable. N'a-t-il pas là un moyen bien commode d'échapper, en faisant appel, à la peine qui le menace? — A l'inverse, s'il s'agit d'un mineur de vingt et un ans non relégable au moment où le juge correctionnel l'a condamné, le ministère public peut le faire reléguer en faisant appel et en gagnant ainsi du temps.

Certains auteurs ont fait ressortir le danger d'arbitraire qui résulte d'un pareil système, et selon eux il faut s'attacher exclusivement à l'époque où la condamnation a été prononcée. Dans nos deux hypothèses, la condamnation émanant du juge correctionnel, c'est à la date du jugement qu'on s'attachera pour calculer la durée de la

(1) Garraud, *l. c.*

peine, non à celle de l'arrêt (1). Il va sans dire que si l'arrêt avait réformé le jugement du tribunal correctionnel, c'est alors la date de l'arrêt qu'on prendrait en considération.

Ce système a le tort grave d'être contraire aux principes les plus élémentaires. L'appel dessaisit absolument la juridiction du premier degré ; du moment qu'il en est fait appel, la décision des premiers juges ne compte plus, elle est non avenue. Il est donc illogique d'y attacher une certaine valeur en en faisant le point de départ arbitraire de la peine.

Aussi bien les reproches qu'encourt notre système ne sont-ils guère sérieux en pratique. Il n'est pas vrai de dire pratiquement qu'en faisant appel le prévenu pourra souvent se soustraire à la relégation : outre qu'une pareille manœuvre pourrait le plus souvent être déjouée par la Cour qui diminuerait la durée de la peine pour pouvoir prononcer la relégation, elle sera généralement inutile parce qu'il y aura détention préventive.

Il faut alors appliquer dans la mesure du possible l'art. 24 nouveau du Code pénal.

Art. 24 : « Quand il y aura eu détention préventive, cette détention sera intégralement déduite de la durée de la peine qu'aura prononcée le jugement ou l'arrêt de condamnation, à moins que le juge n'ait ordonné, par disposition spéciale et motivée, que cette imputation n'aura pas lieu ou qu'elle n'aura lieu que pour partie. En ce qui concerne la détention préventive comprise entre la date du jugement ou de l'arrêt, et le moment où la

(1) Dall., *Suppl. Récid.-Relég.*, page 97 ; — Laborde, journal *la Loi*, 1886.

condamnation devient irrévocable, elle sera toujours imputée dans les deux cas suivants :

1° Si le condamné n'a pas exercé de recours contre le jugement ou l'arrêt;

2° Si ayant exercé un recours, sa peine a été réduite sur son appel ou à la suite de son pourvoi. »

Ainsi en principe la détention préventive antérieure au jugement de condamnation doit être défalquée de la durée de la peine; quant à la détention postérieure au jugement, elle doit ou non compter selon certaines distinctions compliquées.

Le principe de ces distinctions se trouvait déjà dans l'ancien art. 24 que le législateur a généralisé en 1892 en le rendant applicable à toutes les peines privatives de liberté. Cet ancien art. 24, certains auteurs avaient, sans y insister et sans préciser, affirmé qu'il devait être appliqué au calcul de la durée de la peine par le juge chargé de prononcer la relégation (1). Il n'est pas douteux que dans sa nouvelle forme, ce texte ne doive être également obéi.

Voyons comment le juge procédera. Et tout d'abord le juge du 1er degré. Il comptera la peine à partir de sa décision, mais il devra défalquer la durée de la détention préventive : c'est ce que la Cour de cassation a décidé dans un arrêt récent (Cass. Crim., 4 avril 1895. *D. P.* 1896. I. 280). Elle casse un arrêt de Cour d'assises reléguant un récidiviste qui devait avoir plus de soixante ans à l'expiration de sa peine, sept ans de travaux forcés (2), et

(1) Garraud, *Traité*, t. II, p. 202, n° 1.

(2) Il est vrai que les motifs de la loi faisaient défaut. L'individu étant déjà transporté, la relégation n'apparaissait pas comme une mesure grave et inhumaine.

elle déclare qu'il faut compter la peine à compter de la détention préalable, c'est-à-dire à compter du mandat de dépôt.

Plaçons-nous maintenant en face du juge d'appel. Lui aussi prendra comme point de départ de son calcul la date de sa décision, et il défalquera de la durée de la peine la détention préventive antérieure à la décision du juge du 1er degré; quant à la détention intermédiaire, il se conformera à l'art. 24.

Si l'appel a été interjeté par le ministère public, la détention intermédiaire comptera au prévenu. D'où il faut conclure qu'il ne dépendra pas du ministère public de faire reléguer un mineur de vingt et un ans en faisant appel *a minima*, pour changer ainsi le point de départ de la peine.

A l'inverse il se peut que ce soit le prévenu lui-même qui ait interjeté appel. En pareil cas, si la Cour s'est bornée à confirmer le jugement du tribunal correctionnel, comme il est en faute d'avoir attaqué une décision équitable, la loi ne lui tient pas compte de la détention intérimaire. Il se peut donc, même en tenant compte du nouvel article 24, que le prévenu ait intérêt à faire appel pour échapper à la relégation; car la Cour ne comptera pas la durée de la peine à dater du jugement, la détention intérimaire n'ayant pas profité au prévenu. — Le seul moyen qu'ait la Cour d'éviter une solution aussi fâcheuse, c'est de diminuer la peine si peu que ce soit; la détention intermédiaire comptant cette fois au condamné, il restera relégable s'il l'était déjà à l'époque du jugement correctionnel.

Voilà dans quelle mesure nous croyons qu'il faut appliquer l'art. 24; mais il est des hypothèses où nous ne pourrons rigoureusement observer ce texte en prenant comme point de départ de notre calcul le jugement ou l'arrêt qui prononce la relégation.

C'est le juge d'appel qui, nous le supposons, doit se prononcer sur le sort du récidiviste. Il défalque de la durée de la peine la détention antérieure dans la mesure prescrite par la loi ; puis, ce calcul fait, il compte la peine à compter de sa décision. Ceci sera très légitime et, en fait, conforme à la loi si le condamné ne se pourvoit pas en cassation ; car alors bien que la peine ne soit pas en fait exécutée de suite, la détention qu'il subit lui en tient lieu. — Mais s'il se pourvoit, de deux choses l'une : ou son pourvoi est admis, ou bien la Chambre Criminelle rend un arrêt de rejet. Attachons-nous à cette dernière hypothèse. Du jour où l'arrêt de rejet est intervenu, l'arrêt de la Cour d'appel est devenu définitif, il est inattaquable ; la peine est exécutoire et c'est de ce jour qu'elle commence aux termes de l'art. 23 pour le prévenu détenu préalablement. Mais la période de détention antérieure, il n'en bénéficie pas aux termes de l'art. 24, puisqu'il a eu le tort de se pourvoir. — Ceci posé, on voit de suite que la peine effectivement subie aux termes des art. 23 et 24 se terminera postérieurement à l'époque où, d'après l'arrêt, elle devait être normalement achevée.

L'équilibre est rompu : cela tient à ce que le juge, pour suivre à la lettre les dispositions des art. 23 et 24 du Code pén., devrait connaître l'avenir. Il ne peut donc les observer que dans le passé.

En somme et pour résumer nos explications, le juge doit rechercher quel sera l'âge du prévenu à l'expiration de la peine en la supposant intégralement subie ; pour point de départ arbitraire de son calcul, il prendra la date de sa décision en tenant compte, conformément à l'art. 24 du Code pén., de la détention préventive antérieure.

La règle est la même qu'il s'agisse d'un mineur de vingt et un ans et d'un récidiviste qui, à l'expiration de sa peine, aura dépassé soixante ans.

Il faut du reste bien entendre ce que la loi dit du mineur de vingt et un ans. Les délits commis pendant la minorité comptent pour la relégation ; par suite, la condamnation prononcée contre un individu majeur et relégable, pour des faits commis pendant sa minorité, doit entraîner la relégation (1). La loi ne le dit pas expressément, mais ses termes l'impliquent, art. 6-2°: « Toutefois les condamnations encourues par le mineur de vingt et un ans compteront pour la relégation s'il est après avoir atteint cet âge de nouveau condamné dans les conditions prévues par la présente loi. » Le législateur a voulu éviter l'application d'une peine aussi sévère que la relégation à un mineur de vingt et un ans qu'on peut espérer ramener au bien par d'autres moyens. Mais la peine de la relégation n'est jamais subie qu'à l'expiration de la peine principale : il s'agit donc seulement de savoir si à cette époque le prévenu aura atteint vingt et un ans. D'où il suit que non seulement la relégation peut être prononcée contre un récidiviste majeur pour des infractions commises pendant sa minorité, mais qu'elle peut même l'être contre un mineur.

Lorsque l'âge du prévenu est tel qu'il ne peut être relégué, la loi ordonne au juge de substituer à la relégation certaines pénalités qui doivent en tenir lieu sans être pré-

(1) Cass., 21 mars 1891. *D.P.* 1891.1. 400; — Cass. Crim. rej., 19 décembre 1892. *Bull. Crim.* n° 438.

cisément équivalentes : c'est l'interdiction perpétuelle de séjour, et l'internement jusqu'à la majorité dans une maison de correction (art. 8, loi du 27 mai 1885). « Celui qui aurait encouru la relégation par application de l'art. 4 de la présente loi, s'il n'avait pas dépassé soixante ans, sera, après l'expiration de sa peine, soumis à perpétuité à l'interdiction de séjour édictée par l'art. 19 ci-après. — S'il est mineur de vingt et un ans, il sera, après l'expiration de sa peine, retenu dans une maison de correction jusqu'à sa majorité. »

Cette disposition n'appelle pas de bien amples explications. Il est certain qu'un récidiviste âgé de soixante ans n'est pas bien dangereux pour la société; avec l'âge, les instincts criminels s'atténuent et aussi la volonté et l'énergie nécessaires pour commettre des crimes graves. Cependant M. de Verninac faisait observer dans son rapport que si l'on croit utile de transporter un récidiviste âgé de cinquante-neuf ans, il serait peu logique de ne prendre aucune mesure de précaution contre un récidiviste âgé de soixante ans. La mesure de précaution c'est ici l'interdiction de séjour, cette nouvelle peine créée par l'art. 19 de la loi pour remplacer la surveillance de la haute police. Elle n'est jamais prononcée pour une durée excédant vingt ans, mais ici, par exception, elle est perpétuelle. Il est vrai que bien peu parmi les récidivistes ayant déjà atteint soixante ans dépasseront quatre-vingts ans. La dérogation au droit commun est plus apparente que réelle.

SECTION IV

DES ÉNONCIATIONS DU JUGEMENT DE RELÉGATION

Nous avons désormais tracé, défini le devoir du juge. Supposons maintenant que la loi lui impose de prononcer la relégation, comment va-t-il procéder, comment devra être conçue sa décision ?

L'art. 10 répond à cette question : « Le jugement ou l'arrêt prononcera la relégation en même temps que la peine principale; il visera expressément les condamnations antérieures par suite desquelles elle sera applicable. »

On dit fréquemment que la relégation est une peine accessoire, ce qui est inexact. La relégation est une peine complémentaire. Ce qui caractérise la peine accessoire, c'est qu'elle est encourue de plein droit comme conséquence de certaines condamnations ; il n'est pas besoin que le juge la prononce expressément.

Au contraire, la peine complémentaire ne peut être encourue par le condamné que si le juge l'a expressément appliquée. Il en résulte de nombreuses conséquences.

a) Le juge a omis de reléguer le récidiviste. Du moment que sa décision est passée en force de chose jugée, le condamné en bénéficie. Il a un droit acquis à ne pas être relégué tant qu'il n'encourra pas, pour une nouvelle infraction, l'une des condamnations prévues par la loi.

b) Mais le juge qui a omis de reléguer un prévenu relégable est en faute, il a violé la loi ; sa décision sur ce point peut être réformée en appel ou en cassation. En d'autres termes, tant que sa décision n'est pas devenue définitive, le récidiviste peut être relégué, il ne profite pas de l'omission qui a été faite. Mais il faut bien s'entendre sur ce point. Si le prévenu fait seul appel, il est bien entendu que la Cour, qui peut seulement en pareil cas confirmer le jugement correctionnel ou diminuer la condamnation, ne pourra prononcer la relégation. Il faudrait pour cela que le Ministère public fît appel *a minima*. Si l'omission émane d'une juridiction qui a statué en dernier ressort, Cour d'appel ou Cour d'assises, le Ministère public pourra se pourvoir pour faire casser l'arrêt qui a négligé de prononcer la relégation.

Visas des condamnations. — Le juge doit viser dans sa décision toutes les condamnations qui rendent le prévenu relégable : c'est ici une dérogation au droit commun. Il s'agit en effet d'une question de fait. Le prévenu est-il, oui ou non, relégable? En principe, la simple affirmation du juge suffit. La loi se montre donc très rigoureuse en exigeant que le juge justifie sa décision.

Cela s'explique et par la gravité de la peine et par l'importance des difficultés juridiques que soulève le point de savoir si en fait le récidiviste est relégable. Ce n'est que grâce au visa des condamnations que peut s'exercer le contrôle de la Cour Suprême, que l'unité d'interprétation jurisprudentielle de la loi est assurée et que les tribunaux ont pu construire la théorie générale de la récidive nouvelle. Aussi comprend-on qu'on ait fait de ce visa une formalité substantielle dont l'absence vicie le jugement ou l'arrêt, en entraîne la nullité. La loi ne le dit pas formellement ; elle le sous-entend en faisant du visa des condamnations un devoir pour le juge.

Là du reste n'est pas l'intérêt principal et réel de la question. Ce qu'il importe surtout de savoir, en effet, c'est quelle est l'étendue exacte des mentions que la loi exige pour la validité du jugement ou de l'arrêt? A s'en tenir aux termes de la loi, il suffirait, pour que le juge ait satisfait au texte, qu'il ait cité dans l'ordre les diverses condamnations dont il s'est servi pour son calcul. Mais la jurisprudence est autrement exigeante ; elle veut que le jugement ou l'arrêt qui prononce la relégation fasse par lui-même preuve que toutes les conditions requises par la loi sont réunies. Cette exigence est d'ailleurs nécessaire pour que la Cour Suprême puisse vérifier si la loi n'a pas été violée, si le juge a bien jugé en droit.

Dégageons avec de très nombreux arrêts de la Cour de cassation les conséquences multiples de cette théorie qui dans son principe nous semble très juridique.

— 1°) Celle des mentions obligatoires pour le juge qui se présente la première à l'esprit, c'est la mention des condamnations qui sont retenues pour le calcul de la relégation. Le juge doit indiquer pour chaque condamnation relevée à l'appui de sa décision ; 1° la date ; 2° la juridiction qui a statué; 3° la nature de l'infraction; 4° la quotité de la peine.

On comprend sans peine la nécessité de toutes ces énonciations; elles sont indispensables pour préciser si les condamnations visées sont de celles qui peuvent compter pour la relégation (1).

Ce n'est pas tout, nous avons vu qu'une condamnation ne peut compter pour la relégation qu'autant qu'il y a récidive au sens du Code Pénal. Il faut que chacune des infractions qui sont visées par le jugement soit séparée de l'infraction précédente par une condamnation devenue

(1) Voy. Crim. Cass., 18 mars 1886. *P. fr.* 1886. I. 112; — 25 mars 1886. *P. fr.* 1886. I. 143; — 28 mai 1886. *P. fr.* 1886. I. 191. — 5 août 1886. *P. fr.* 1886. I. 191.

définitive. La date des condamnations ne suffit donc pas ; le juge doit encore affirmer que chacune d'elles est définitive et qu'elle a acquis l'autorité de la chose jugée avant l'infraction subséquente. « Pour être suffisamment motivés, dit un arrêt de la Cour de cassation (Ch. Crim., 5 novembre 1892. *P. fr.* 1894. I. 135), les jugements et arrêts qui prononcent la relégation doivent indiquer si les jugements sont devenus définitifs, si les peines ont été ou non confondues, si chacun des faits qui ont motivé les condamnations successives était postérieur à la condamnation précédente, afin qu'il soit possible de reconnaître si le prévenu se trouvait lors de chaque condamnation dans l'état de récidive spéciale prévu par la loi du 27 mai 1885 (1) ». Voilà très nettement définies les mentions obligatoires pour le juge ; d'un mot l'arrêt indique le motif de cette exigence — il faut qu'on puisse constater d'après les mentions de l'arrêt si le prévenu se trouvait après chaque condamnation en état de récidive.

— 2°) Les condamnations visées par la loi comme éléments de la relégation ne peuvent entraîner cette peine qu'autant qu'elles ont été encourues dans un délai assez court : de dix ans non compris la durée des peines subies. Lorsque les condamnations visées par le juge ne sont pas comprises dans le délai de dix ans, ce qui est le cas le plus habituel, c'est au juge de prouver par un calcul mathématique qu'elles y rentrent si l'on ajoute aux dix ans la durée des peines subies. Comment va-t-il procéder pour cela ? Il devra d'abord mentionner toutes les condamnations à des peines privatives de liberté qui ont pu être encourues par le récidiviste dans la période qu'il

(1) *Adde* : Crim. Cass., 26 octobre 1893. *Pand. fr.* 1895, VII, p. 135, n° 26.

vise; — qu'elles comptent ou non pour la relégation, elles n'en contribuent pas moins à prolonger la période décennale (Cass. Crim., 6 sept. 1894. *P. fr.* 1895. VII. p. 135) (1). — Puis il devra préciser effectivement la durée des peines subies. Cette durée peut en effet avoir été réduite par suite d'une commutation de peine ou parce que le condamné a subi sa peine en cellule. En pareil cas le juge devra consulter les registres d'écrou et indiquer quelle a été la durée effective de la peine privative de liberté.

On peut rappeler également que le juge doit indiquer si la procédure spéciale en matière de relégation a été observée, et qu'il doit à peine de nullité de sa décision viser la nomination d'un défenseur d'office (V. arrêts cités plus haut, section II).

— 3° Le juge s'est borné à enregistrer les diverses mentions qui sont exigées de lui. Sa tâche est-elle terminée, sa décision suffisamment motivée? Il faut répondre que non, car en pareille matière sa simple affirmation ne suffit pas. Il doit encore indiquer sur quels faits, sur quels documents se fonde sa conviction. Il doit faire la preuve de ce qu'il avance. Comment procédera-t-il?

Pour le calcul du délai décennal, l'arrêt du 6 septembre 1894 décide que la mention des condamnations privatives de liberté encourues par le prévenu dans la période visée par le juge, quelles qu'en soient la cause et la durée, était une formalité substantielle à laquelle il ne pouvait être suppléé par une référence à l'extrait du casier judiciaire, alors même que le prévenu en aurait

(1) A cet arrêt relativement récent, on peut en joindre de plus anciens. — Cass. Crim., 18 mars 1886. *P. fr.* 1886. I. 112; — Cass. Crim., 10 juillet 1886. *P. fr.* 1886. I. 193; — 19 août 1886. *D. P.* 1886. I. 233; — 4 février 1887. *D. P.* 1887. I. 233; — 19 février 1887. *D. P.* 1887. I. 233.

reconnu l'exactitude. Ce qui ne signifie pas que les mentions du jugement de relégation appuyées sur les aveux du prévenu et les indications du casier judiciaire soient insuffisantes, mais seulement que le juge ne peut s'en tenir à un renvoi général au casier judiciaire, et qu'il doit faire expressément l'énumération des condamnations et le calcul des peines qui rentrent dans le délai décennal.

En tout cas, le visa du casier judiciaire sera le plus souvent nécessaire au juge pour justifier ses dires. Sans doute, le casier judiciaire ne suffirait pas à faire preuve, car c'est un document sans caractère authentique; mais s'il est corroboré par les aveux du prévenu qui doit avoir été mis à même d'en contrôler les affirmations, il fera preuve indiscutable.

Si le casier judiciaire ne fournit pas au juge tous les renseignements voulus, celui-ci sera obligé de recourir à d'autres documents, notamment aux registres d'écrou, et il sera tenu de les viser dans sa décision.

Il en sera ainsi lorsque la peine n'aura pas été intégralement subie, ou encore lorsqu'il y aura eu détention préventive. Depuis la loi du 15 novembre 1892 la détention préventive est, nous le savons, imputée de droit sur la peine, à moins d'une disposition contraire dans le jugement de condamnation. Le casier judiciaire ne portant pas d'indications suffisantes pour fixer désormais, en conformité de la nouvelle loi, le point de départ de la peine pour les condamnations postérieures au 15 novembre 1892, le jugement de relégation ne pourra plus exclusivement viser les extraits du casier judiciaire et les aveux conformes du prévenu.

La preuve des autres mentions se fera par des moyens analogues ou même identiques. Le juge qui affirmera que le récidiviste a été condamné, à telle date, par telle juridiction, pour faits de telle nature, invoquera le plus souvent à l'appui de son dire le casier judiciaire. Mais ce casier judiciaire, nous l'avons déjà dit, ne fait pas preuve à lui tout seul. Il ne suffit pas d'en reproduire l'extrait, il faut encore mentionner que le condamné, mis à même d'en contester les indications, en a reconnu l'exactitude (V. note. Cass. Crim., 30 août 1894. *P. fr.* 1895, v° *Récid. Releg.*, n°s 16 à 17).

Si le prévenu conteste les mentions du casier judiciaire, le juge fera la preuve en visant directement les extraits authentiques des jugements ou arrêts de condamnations délivrés par les greffiers. Enfin, c'est aussi par des certificats des greffes que le juge établira, s'il y a lieu, que les condamnations sont définitives, et s'il y en a une par défaut, que les significations exigées par la loi ont été régulièrement faites (1).

Tel est le sens de l'art. 10 de la loi : on voit qu'il joue un très grand rôle dans l'interprétation jurisprudentielle de la loi ; il constitue d'ailleurs un écueil que jugements et arrêts n'évitent qu'à grand'peine.

Son application se limite-t-elle au seul cas où le juge prononce la relégation? La question s'est posée récemment devant la Cour Suprême dans les termes suivants : Lorsque le juge, à raison de la minorité du prévenu, substitue à la peine de la relégation celle de l'internement

(1) Sur ces diverses questions, voir divers arrêts rapportés dans Dalloz, 1887. I. 233 et 413 ; — 1888. I. 187 ; — 1889. I. 320 et 481. — Cass. Crim., 18 mars 1891. *D. P.* 1892. I. 254 ; — Cass. Crim., 27 mai 1892 ; 16 novembre 1894 ; 4 avril 1895.

Sarrut, notes. *D. P.* 1887. I. 233 ; 1889. I. 482 ; 1896. I. 271.

Laborde, *op. cit.*, n°s 557 et suivants, pp. 321 et suivantes ; — Garraud, *Traité*, t. II, n°s 225 et suivants.

jusqu'à la majorité dans une maison de correction, à compter de l'expiration de la peine principale, ne doit-il pas se conformer à l'art. 10 et mentionner les condamnations successives qui rendaient le prévenu relégable? La Cour Suprême l'a admis (Ch. Crim., 29 novembre 1895. *P. fr.* 1896. I. 436). Il y aurait donc lieu de casser un arrêt de Cour d'appel qui, prononçant contre un mineur de vingt et un ans la peine complémentaire de l'internement dans une maison de correction, énumérerait les condamnations prononcées contre le récidiviste sans faire connaître à quels documents il emprunte ce relevé, ni si les condamnations sont toutes devenues définitives, et si chacun des faits est postérieur à la condamnation précédente.

La solution serait la même s'il s'agissait d'un récidiviste devant avoir soixante ans à l'expiration de la peine principale. Elle marque très nettement que la loi du 27 mai 1885 punit la récidive quel que soit l'âge du récidiviste; la peine seule varie : c'est tantôt la relégation, tantôt des mesures de sûreté spéciales.

DEUXIÈME PARTIE

EFFETS DE LA RELÉGATION

Nous sommes maintenant en face d'un homme qui vient d'être condamné à la relégation, et nous nous demandons quelles vont être à son endroit les conséquences de la sentence prononcée par le juge ?

Il importe tout d'abord de remarquer que ces conséquences varieront selon les ressources et la conduite de l'individu : aussi croyons-nous, afin de pouvoir étudier plus facilement cette matière, devoir la diviser en deux chapitres :

Le premier consacré aux effets normaux de la relégation ;

Le deuxième aux effets anormaux.

Il faut entendre par effets normaux de la relégation ceux qui se produisent le plus habituellement. C'est ainsi que nous rangerons parmi ceux-ci le régime auquel sont soumis les relégués collectifs, parce que la statistique nous prouve qu'il existe à peine un relégué individuel sur cent relégués. De même nous ne tiendrons aucun compte dans le premier chapitre des atténuations ou aggravations de ce régime suivant la conduite bonne ou mauvaise des relégués : car nous savons que ceux-ci mènent le plus souvent une existence suffisante pour ne pas encourir de pénalités plus rigoureuses, et que cependant ils méritent bien rarement les faveurs spéciales de la relégation individuelle ou du rapatriement.

Nous étudierons donc sous le nom d'effets normaux de la relégation la situation du relégué collectif lorsque rien ne vient la modifier, et dans notre second chapitre sur les effets anormaux nous considérerons les effets de la relégation individuelle et l'influence que peut avoir sur la condition du relégué collectif son inconduite ou son amendement.

CHAPITRE PREMIER

DES EFFETS NORMAUX DE LA RELÉGATION

Le récidiviste qui a été condamné à la relégation a dû, avant de subir cette peine complémentaire, exécuter la peine principale à lui infligée pour la dernière infraction dont il s'est rendu coupable. On pourrait donc en conclure qu'ayant payé sa dette pénale à la société, l'élimination qui a été prononcée contre lui consistera en un simple éloignement, une simple expatriation, en vue de la sécurité publique. Ce relégué, pourrait-on tout d'abord penser, va être un libéré et par conséquent vivra libre au lieu qui lui a été assigné.

Cette idée, qui avait été tout d'abord admise dans notre loi, y a laissé des traces certaines, notamment dans l'art. 7 d'où il résulte que « les condamnés à la relégation resteront soumis à toutes les obligations qui pourront leur incomber en vertu des lois sur le recrutement de l'armée ». Or que signifierait ce texte, si le relégué n'avait pas dû être libre?

Mais il fut facile de démontrer que le principe de liberté absolue, tel que l'avait admis la Chambre, était dangereux tant au point économique qu'au point de vue de l'ordre et de la tranquillité dans la colonie désignée pour recevoir les relégués. Tout d'abord le travail obligatoire semblait s'imposer comme une conséquence directe et nécessaire de l'obligation pour l'État de nourrir ces individus sans ressources qu'il exilait. Car si l'obligation du travail n'existe pas et si, d'autre part, comme cela serait arrivé pour le plus grand nombre, les relégués ne veulent pas travailler de leur propre gré, comment l'administration de la colonie aurait-elle pu vaincre leurs résistances? « A quels expédients faudra-t-il qu'elle descende? Devra-t-elle longtemps encore ou devra-t-elle toujours fournir des subsides à ce paresseux volontaire? Quoi, le condamné d'hier deviendrait pensionnaire de l'État? Un assassin, un voleur aurait des rentes et nous, démocrates, nous n'avons pu encore assurer un morceau de pain aux invalides du travail honnête, à nos ouvriers, à nos paysans brisés par l'âge et les rudes labeurs de la vie! J'écarte cette solution qui serait un scandale et que nos financiers ne supporteraient pas. Mais quel autre parti l'administration adoptera-t-elle? Va-t-elle se renfermer dans le droit strict? Va-t-elle dire à ce condamné peu intéressant, je l'accorde, mais violemment arraché de France pour le jeter sur une terre perdue et difficile, va-t-elle lui dire : « Travaille ou tu ne mangeras plus, travaille ou tu mourras de faim! » C'est un cruel langage que celui-là! Il y a des menaces qu'on n'adresse pas à des êtres humains. On n'accule pas froidement, même un misérable, à la famine (1). »

C'est en ces termes, d'une vigueur saisissante, que M. Léveillé démontrait la nécessité du travail obligatoire pour les relégués.

Non moins remarquable est son plaidoyer en faveur de l'internement. Après avoir montré que ces relégués en li-

(1) *Le Temps*, 18 juin 1884.

berté, soit à la Guyane soit à la Nouvelle-Calédonie, préféreront sans aucun doute, au séjour monotone de la brousse ou de la forêt vierge, le confortable de Cayenne ou de Nouméa, il ajoute : « vos lazaroni ainsi cantonnés dans des villes de six à sept mille habitants se réuniront vite en bandes, ils se sentiront les coudes, ils mesureront leurs forces et dans six mois, dans un an, ils formeront le régiment de l'émeute, non de l'émeute politique qui, du moins, ne verse le sang que pendant la chaleur du combat, mais de l'insurrection sociale qui, inspirée par la haine, pille, incendie, viole, égorge même après la bataille. Avec une hardiesse qui me confond, vous accordez aux condamnés d'Europe le droit de se concentrer à Nouméa ou à Cayenne. Vous faites de ces villes deux poudrières qui sauteront au premier orage, à la première étincelle. Aussi quand j'attaque votre loi dans ses principes fondamentaux, je sens que je défends la vie et la fortune de nos vaillants compatriotes de la Guyane et de la Calédonie, mises en péril par l'imprudente organisation que vous avez votée. » C'était là une démonstration très nette que la relégation avec liberté absolue des relégués serait non point supprimer le danger, mais simplement le déplacer.

Tel a été le point de départ de la loi de 1885. La relégation comporte donc en principe deux idées :

§ Ier. — Transfert dans une colonie.

§ IIe. — Régime spécial d'internement et de travail obligatoire dans la colonie.

C'est dans cet ordre que vont se succéder nos explications.

§ 1er

Transfert dans une colonie.

La difficulté qui se posait aussitôt la promulgation de la loi sur les relégués était celle de savoir où la relégation serait effectuée, sur quelle colonie on allait diriger les divers convois de condamnés.

Beaucoup parmi nos possessions d'outre-mer semblant peu disposées à recevoir des transfuges aussi peu recommandables, on pensa que la Nouvelle-Calédonie et la Guyane, où s'exécutaient depuis 1854 les travaux forcés et où les transportés une fois leur peine terminée vivaient libres, verraient d'un regard plus indifférent le débarquement d'une nouvelle classe de condamnés éliminés de la société. Aussi un décret du 26 novembre 1885 (art. 4, § 2) vient-il décider que « la relégation collective s'exécutera dans les territoires de la colonie de la Guyane et, si les besoins l'exigent, de la Nouvelle-Calédonie ou de ses dépendances, qui seront déterminés et délimités par décrets. » Ces décrets sont intervenus l'un le 20 août 1886 pour affecter spécialement à cet internement des récidivistes en Calédonie l'île des Pins, et l'autre le 24 mars 1887 pour désigner dans la Guyane la partie sud de la circonscription du Maroni.

Il importe de relater combien ces deux lieux de relégation sont différents. Autant en effet le territoire de la Nouvelle-Calédonie, et de l'île des Pins en particulier, est salubre; autant celui de Saint-Jean du Maroni, où furent établis les camps de relégués, est malsain. Qui ne connaît le fameux « camp de la mort » où fut débarqué le premier convoi de 300 relégués, et où plus de 270 moururent dans la première année en majeure partie de la fièvre paludéenne? N'y a-t-il point quelque inhumanité à exiler dans des régions aussi meurtrières des individus, moins que d'autres capables de résister, anémiés qu'ils sont toujours tant par leurs fréquents séjours dans les prisons que par la misère, les vices et les excès.

Cette question préjudicielle des lieux de transportation tranchée, on devait nécessairement mettre en pratique les dispositions posées dans l'art. 12 de la loi du 27 mai, dispositions aux termes desquelles, bien qu'en principe la relégation soit une peine complémentaire dont le début devrait exactement coïncider avec la fin de la peine principale, le gouvernement pourra suivant les circonstances avancer ou retarder le transfert des relégués aux colonies. Cette dérogation au principe posé se justifie d'elle-même : car il serait inconcevable qu'à l'expiration de la peine de chaque condamné le gouvernement se voit dans l'obligation de pourvoir à son transfert immédiat. Les difficultés pratiques que présenterait tout autre système en rendraient l'exécution fort dispendieuse pour l'État. Le transfert aux colonies du relégué ne coïncidera donc que très rarement avec la libération de la peine principale.

Mais ce droit d'avancer le départ des relégables, droit qui est accordé au Ministre de l'intérieur après avis des Ministres de la justice, de la marine et des colonies, ce droit est-il absolu? Le gouvernement pourra-t-il faire opérer ce transfert sitôt la dernière condamnation devenue définitive, alors qu'il n'y aura pour ainsi dire pas eu exécution effective de la peine prononcée?

Bien que l'affirmative ait été soutenue, en se basant sur cette idée que l'art. 12 ne fixe aucune limite à la faculté concédée au ministre, il nous semble que le sens général de la loi de 1885 milite en faveur de l'opinion opposée. Nous savons en effet que la relégation n'est qu'une peine accessoire d'une pénalité que vient d'encourir le condamné. Or, il serait absolument illogique de déclarer que la peine accessoire recevra exécution au détriment de la peine principale. On arriverait ainsi à supprimer en pratique le principe même formulé en tête de l'art. 12 : « la relégation ne sera appliquée qu'à l'expiration de la dernière peine à subir par le condamné. »

Il y aura donc toujours un commencement d'exécution sérieux de la peine principale avant que le transfert puisse être proposé par le Ministre de l'intérieur. Ce commencement d'exécution ou cette exécution complète de la peine pourront avoir lieu dans l'établissement pénitentiaire affecté normalement à la condamnation encourue par le relégable, c'est-à-dire dans la prison départementale ou dans une maison centrale de correction suivant qu'il s'agit d'une condamnation à la prison inférieure ou supérieure à un an et un jour, ou dans une maison centrale de force si la réclusion a été prononcée. Toutefois, dans tous ces cas, les futurs relégués devront être complètement séparés des autres détenus (art. 13, décret 26 novembre 1885).

Cette disposition particulière ne devrait avoir d'intérêt que pour les peines accomplies dans les maisons centrales, puisque depuis la loi du 5 juin 1875, le régime cellulaire devrait être en théorie appliqué dans toutes les prisons de courtes peines c'est-à-dire dans toutes les prisons départementales. Il est vrai qu'à l'heure actuelle on ne compte guère plus de 28 prisons sur 379 aménagées pour mettre en pratique le système inauguré par la loi de 1875. Aussi l'art. 13 du décret du 26 novembre a-t-il une portée pratique très considérable. Il est inspiré par cette idée, dont l'expérience a maintes fois démontré l'exactitude, que, dans toutes les agglomérations, les pires prennent un ascendant que l'influence des meilleurs était impuissante à combattre. On ne saurait donc sans danger pour les quelques chances d'amendement que peuvent présenter les individus non condamnés à la relégation, les soumettre au régime en commun avec les futurs relégués. A cette idée, nous devons encore l'introduction relativement récente dans nos maisons centrales du système d'Auburn et des divers quartiers d'amendements.

Quoi qu'il en soit, il se peut que la condamnation à la relégation ait une influence plus grande encore sur l'exécution de la dernière peine. Aux termes de l'art. 12 du décret du 26 décembre 1885, le ministre de l'intérieur peut, après avis du ministre de la justice, décider que tout ou partie des peines que doivent subir les relégués avant leur transfert dans les colonies, sera exécuté dans des pénitenciers spéciaux où les relégables seront soumis à des travaux analogues à ceux auxquels ils seront employés dans les colonies. Dans ces pénitenciers, une ou plusieurs nouvelles divisions seront faites suivant les antécédents, les aptitudes et la destination des condamnés.

Ce procédé d'exécution de la dernière peine est très bien compris : grâce à lui l'administration pénitentiaire étudiera chaque relégué individuellement et pourra ainsi se rendre un compte exact des dispositions de chacun. Cette sorte d'examen préliminaire a notamment une grande utilité au cas où le bénéfice de la relégation individuelle est demandé par un condamné : car il permet de statuer en connaissance de cause.

C'est encore dans ces dépôts-pénitenciers que seront détenus les relégables qui, ayant achevé leur peine principale, attendent après l'expiration de celle-ci leur transfert dans une colonie. Ils y seront astreints à toutes les règles concernant le travail et la discipline, sans être cependant complètement assimilés aux relégables en cours de peine. C'est ainsi qu'il leur est tenu compte de la valeur du produit de leur travail, sauf retenue pour leur entretien, retenue qui dans aucun cas ne pourra dépasser le tiers du produit de leur travail (art. 19 du décret).

Après cette sorte d'introduction à la vie de relégué, le condamné va être transféré à l'île des Pins. A partir de ce moment, les choses se passent jusqu'au débarquement exactement comme s'il s'agissait de « transportés », même cage de fer, même régime, même discipline ; la seule différence réside dans la couleur de l'uniforme qui est gris au lieu d'être bleu. Aussitôt à bord, on les introduit dans de solides cages ménagées dans l'entrepont du navire à babord ou à tribord et séparées par un couloir dans lequel se promènent nuit et jour des matelots armés et des surveillants militaires. Deux petits canons braqués de chaque côté leur rappellent que la moindre tentative d'insubordination collective (si tant est qu'elle soit même possible) serait facilement réprimée. — La discipline du bord est des plus sévères : une réponse inconvenante, un refus d'obéir, et l'homme est descendu à fond de cale, au cachot, les fers aux pieds pour un temps plus ou moins long.

Après trois mois de cette navigation dont l'unique distraction est la courte promenade hygiénique faite chaque jour, en silence, sur le gaillard d'avant, on arrive enfin en rade de l'île des Pins.

Cette terre, qui appartient à la France depuis 1853, servit tout d'abord, après l'insurrection communaliste de

1871, de lieu de déportation simple pour les condamnés. Ceux-ci, soldats de la révolte, entraînés ou sincères, formaient une majorité de travailleurs manuels, qu'on ne rencontre guère chez les condamnés de droit commun. Aussi eurent-ils tôt fait de construire de nombreux bâtiments, de tracer des routes, d'édifier des cases. Antérieurement aux relégués, une autre catégorie de déportés politiques fut encore envoyée à l'île des Pins: elle se composait des Canaques pris les armes à la main pendant l'insurrection de 1877.

L'amnistie accordée aux déportés de 1871 ayant laissé les chantiers en détresse et les établissements pénitentiaires inhabités, la loi du 27 mai 1885 fut d'une mise à exécution très facile: les relégués n'eurent qu'à s'installer au pénitencier-dépôt des anciens déportés.

Ce pénitencier-dépôt qui, comme on l'a dit, « joue vis-à-vis des autres établissements de la relégation un rôle semblable à celui d'une maison-mère vis-à-vis des couvents suffragants », est en effet le lieu où les relégués débarquent, se préparent à leur nouvelle existence, où ils retournent par nécessité de santé ou mesure disciplinaire. Il s'y trouve, comme à l'île de Nou pour les transportés, un vaste hôpital, un quartier de correction, des cases et des ateliers.

Aussitôt le débarquement effectué, les dossiers de chaque condamné sont transmis par le capitaine du navire au directeur de l'administration qui, après examen, sait ainsi à quoi s'en tenir à l'égard de chacun et procède à un classement moral. Les condamnés sont ensuite répartis suivant leurs aptitudes ou leurs connaissances professionnelles.

Ces diverses formalités accomplies, et les noms immatriculés sur un registre d'écrou, la peine de la relégation va commencer à recevoir son exécution normale.

§ 2

Régime spécial d'internement et de travail obligatoire dans la colonie.

Le relégué va désormais mener une vie sensiblement identique à celle du forçat. Aussi M. Léveillé a-t-il pu dire avec raison que « la relégation était le pseudonyme de la transportation ».

D'aucuns prétendent même que la situation du forçat est la moins pénible. A ce propos, un voyageur (1) raconte les doléances d'un forçat qui allait être libéré des travaux forcés pour être soumis au régime de la relégation. « Là-bas, disait-il, je serai bien plus malheureux qu'ici et cette fois ce sera pour toujours. J'ai demandé comme faveur à rester au bagne, mais on m'a répondu que c'était impossible. Ah! si j'avais su! si on m'avait dit qu'après m'avoir condamné à cinq ans de travaux forcés pour vol qualifié, on me ferait subir une peine accessoire dix fois plus terrible que ma peine principale, je n'aurais pas été assez sot pour me contenter de voler, j'aurais frappé, j'aurais tué et j'aurais été condamné au bagne à perpétuité. Là, j'aurais été sûr, avec une bonne conduite et de la docilité, d'obtenir une réduction de peine et d'être au bout de quelques années en concession. »

Force est bien de reconnaître que ce raisonnement n'est pas dénué de justesse : car le récidiviste, qui d'une

(1) Paul Mimande.

façon presque certaine répète jusqu'à son dernier souffle un programme quotidien toujours le même, compare son existence à celle du forçat, n'est-il pas en droit de penser que des deux il n'est pas le plus rapproché de la liberté? Au point de vue de l'impression générale, le régime de la relégation n'est guère plus considéré que celui de la transportation et c'est un fait connu que les surveillants militaires de nos établissements pénitentiaires préfèrent de beaucoup être chargés des plus dangereux parmi les « bagnards » que des relégués les plus placides.

Le régime auquel sont soumis les relégués présente quelque analogie avec le système d'emprisonnement d'Auburn, c'est-à-dire travail en commun pendant le jour avec séparation pendant la nuit. Ce qui les différencie cependant d'une manière très notable tient à ce que pour l'emprisonnement auburnien le travail se fait à l'intérieur, tandis que dans la relégation le travail a lieu le plus souvent à l'extérieur. Pendant la nuit, les relégués couchent dans des cases séparées semblables à celles des forçats; le jour, ils sont conduits au travail par des surveillants militaires. Leur unique privilège sur les forçats est de toucher un léger salaire, grâce auquel ils peuvent améliorer à la cantine leur frugal ordinaire.

Bien que les relégués soient autant que possible classés suivant leurs aptitudes professionnelles, on peut dire que le plus grand nombre est employé par l'administration à des travaux d'exploitation, soit dans l'île des Pins soit à la Nouvelle-Calédonie même.

C'est ainsi qu'il y a trois ans à peine les récidivistes relégués furent pour la plupart répartis entre trois chantiers destinés le premier à l'exploitation agricole dans l'Ouaménie, le second à l'exploitation forestière dans la baie de Prony, et enfin le troisième à des travaux de génie militaire dans l'île des Pins. Il y eut là des tentatives de travaux publics exécutés par main-d'œuvre pénale assez peu heureuses au point de vue des résultats pratiques. Comment en eût-il été autrement avec ces êtres dont l'unique occupation avait été jusqu'à ce jour de chercher à vivre sans travailler.

Quoiqu'il en soit, nous touchons ici à un des problèmes les plus intéressants et aussi les plus passionnants de la science pénitentiaire : nous voulons parler de la main-d'œuvre pénale.

Il suffit pour se rendre un compte exact de la difficulté de la matière de lire, dans la *Revue pénitentiaire* du mois d'avril 1897, le compte-rendu d'une séance qui eut lieu à la Société générale des Prisons, le 17 mars dernier. Un rapport y fut lu par M. Feillet, gouverneur général de la Nouvelle-Calédonie, sur la « Colonisation pénale dans la Nouvelle-Calédonie ». Jamais homme ne semblait plus compétent pour traiter semblable question et cependant les conclusions de son rapport furent très combattues par des membres de l'assemblée dont les noms font autorité en matière pénitentiaire et parmi lesquels nous citerons notamment : M. Léveillé, qui est allé étudier pendant deux ans notre système pénitentiaire colonial, M. Noël-Pardon, gouverneur de la Martinique, qui avait été antérieurement à la Nouvelle-Calédonie, et M. Schmidt, directeur de l'un des services du ministère des colonies chargés précisément de l'Administration pénitentiaire.

Non seulement les opinions les plus différentes furent de part et d'autre soutenues avec passion, mais, chose bien plus curieuse, les documents officiels, tels que les statistiques sur lesquelles on aurait cru pouvoir tabler en toute sécurité, différaient suivant les orateurs. C'est ainsi que M. Feillet déclare que dans la Nouvelle-Calédonie il n'y avait à la fin de 1895 que 66 kilomètres de route dus à la main-d'œuvre pénale, alors que M. Noël-Pardon affirme « avec preuves à l'appui, dit-il, qu'il y a dix ans il existait déjà bien plus de 140 kilomètres dus à cette même main-d'œuvre pénale ». Nous sommes donc en présence de deux affirmations données de très bonne foi par deux gouverneurs de la Nouvelle-Calédonie et ces affirmations diffèrent du simple au double. Bien plus, tandis que M. Feillet estime qu'une mise en concession coûte 5000 fr. à l'État, M. Noël-Pardon réduit ce chiffre à 400 fr. Ces exemples suffisent à démontrer combien il est difficile de s'entendre même sur des éléments aussi précis que des chiffres, et par suite combien est complète l'impossibilité de conclure en fait pour celui qui n'a pas eu, comme ceux qui ont pris part à cette discussion, le loisir de se faire une opinion personnelle sur les travaux de nos transportés. Le seul exposé qui nous soit donc permis en cette occurrence est celui des opinions soutenues par les gens compétents sur la question de la main-d'œuvre pénale.

Il est tout d'abord unanimement reconnu que le travail est un des éléments les plus moralisateurs du condamné : aussi le considère-t-on comme devant être obligatoire quelle que soit la peine encourue. Mais à un autre point de vue la main-d'œuvre pénale peut être envisagée à l'égard de la société comme une réparation ou tout au moins une sorte de compensation des charges que lui occasionne le condamné. A ce titre, la société a le droit de l'employer à des travaux d'utilité publique. Il peut en résulter de sérieuses économies pour le budget.

La « Rivista di disciplina carceraria » du mois de mars dernier contient une liste des avantages procurés en Italie au trésor public par la main-d'œuvre pénale. Entre autres exemples, elle rappelle qu'au mois d'août 1882 une grève générale des ouvriers typographes de Rome ayant compromis la publication régulière de la *Gazette officielle*, dont une maison de librairie était chargée moyennant une redevance, un décret du 14 décembre 1882 chargea la main-d'œuvre pénale d'exécuter la moitié de la besogne confiée jusqu'alors aux ouvriers libres. Dans l'espace de douze années les travaux étant ainsi exécutés, l'État réalisa un bénéfice de près de trois millions de lires, c'est-à-dire de francs. En outre, l'administration pénitentiaire fait fabriquer par les détenus tous les objets de consommation et d'entretien nécessaires aux prisonniers; elle obtient même assez fréquemment que les autres administrations de l'État aient recours à la main-d'œuvre pénale. C'est ainsi que les fortifications de la Palmaria, de la Maddalena et de Rome ont été construites par des condamnés.

La main-d'œuvre pénale présente donc un double avantage incontestable et pour le détenu qu'elle moralise et pour la société à laquelle elle épargne certaines dépenses. C'est du reste l'opinion nettement formulée par le rapporteur du dernier budget des colonies au Sénat, lors du vote des crédits affectés aux services pénitentiaires coloniaux. M. Franck-Chauveau exprimait le vœu « que les travaux exécutés par la main-d'œuvre pénale se multiplient dans nos colonies pénitentiaires. L'amélioration morale des condamnés y trouvera son compte, aussi bien que le Trésor et les colonies elles-mêmes ». Sur le principe même du travail des condamnés, on ne saurait donc pas ne pas être d'accord.

Mais les divergences prennent naissance dès qu'il s'agit de mettre le principe à exécution en matière de relégation.

Ici nous nous trouvons en effet en présence d'individus qu'on ne force à travailler que parce que, n'ayant pas les ressources personnelles suffisantes, l'État est obligé de les loger et de les nourrir et veut ensuite se payer sur le produit de leur travail. L'obligation au travail n'est pas l'objectif direct de la relégation, qui ne consiste en principe que dans le transfert aux colonies. Le travail du relégué doit donc être rémunéré.

Or, c'est précisément le taux de la rémunération qui soulève de vives controverses. Un décret du 15 septembre 1891, modifié depuis par celui du 13 décembre 1894, vint en effet décider que la main-d'œuvre pénale ne pourrait être utilisée pour les travaux publics de la colonie que moyennant une redevance de un franc par jour et par personne. Or, d'après M. Feillet, on aboutit ainsi à un résultat déplorable : car, le travail des condamnés s'exécutant dans des conditions spéciales, le prix de un franc par jour est beaucoup trop élevé. « L'administration pénitentiaire travaille, dit le gouverneur de la Nouvelle-Calédonie, comme une machine très lourde et toujours avec la crainte des évasions. Quand elle se transporte, avant de commencer aucun travail, elle fait un camp et c'est là que tout est dépensé. J'ai été inspecter très souvent des travaux pour me rendre compte. J'ai constaté que sur 75 hommes employés à un travail déterminé, il n'y en avait que 25 utilisés à l'objet principal. C'était forcé, et ce n'est pas une critique que j'adresse à l'administration pénitentiaire... Cela vous montre que la main-d'œuvre pénale rapporte moins qu'on ne se l'imagine et que, si on veut qu'elle soit utilisée avec profit par qui que ce soit, il faut la donner à un bon marché dont on n'a pas idée... Si vous considérez que le condamné ne travaille que trois heures par jour et qu'il y en a, sinon les deux tiers, au moins un sur deux qui est utilisé à faire autre chose, vous voyez combien il est onéreux de payer un franc par jour..... On trouve profit, même si on le paie plus cher, à employer le travail libre parce que ce travail profite au mouvement général des affaires dans la colonie; l'ouvrier libre qui touche un salaire le dépense. »

En face de cette allégation, qu'il nous soit permis de rapporter les paroles de M. Schmidt, dans cette même séance, répondant à M. Feillet : « On ne saurait reprocher sérieusement à la transportation de n'avoir rien produit; il est permis d'affirmer au contraire que toutes les constructions, tous les travaux un peu importants qui ont été effectués l'ont été par les condamnés. » Et à l'appui de son dire, M. Schmidt invoque un état récapitulatif qui énumère l'ensemble des travaux neufs et d'utilité générale exécutés en Nouvelle-Calédonie de 1868 à 1893, où par conséquent se trouvent compris les travaux des relégués. L'exécution des travaux de cette période de 25 ans a nécessité l'emploi de plus de 3.600.000 journées de main-d'œuvre pénale.

Devant des documents aussi contradictoires, s'il nous fallait nécessairement conclure, nous qui n'avons point eu le bonheur d'errer sur les rivages enchanteurs de la baie de Prony, ou dans les ombreuses forêts de l'île des Pins, nous serions tentés de déclarer comme M. Petit, conseiller à la Cour de cassation, le disait à la Société générale des prisons : « Si tous les travaux, dont on nous a toujours affirmé l'existence à la Nouvelle-Calédonie (routes, ponts, quais, édifices de toutes sortes) n'existent pas, si tout ce qu'on nous a dit n'est qu'une fantasmagorie, n'y aurait-il pas moins de la faute de la loi que de celle de ceux qui l'ont appliquée? » Il nous semble en effet difficile de croire qu'avec les moyens de coercition dont dispose aux colonies notre administration pénitentiaire à l'égard de ceux qui ne veulent pas travailler, elle n'arrive pas à faire produire un travail quotidien équivalent à un franc de rétribution.

Nous en aurions ainsi fini avec les effets normaux de la relégation si nous n'avions un mot à dire des femmes condamnées à la relégation collective.

Placées sous la surveillance des religieuses de Saint-Joseph de Cluny, ces femmes reléguées occupent à l'île des Pins l'asile de Kuto. On les occupe à la confection des vêtements destinés aux relégués et aux forçats, ce qui a permis de réduire considérablement l'effectif des hommes condamnés à la relégation et employés comme tailleurs. — Le dépôt contient aussi une blanchisserie.

Depuis 1884, ce sont encore ces condamnées à la relégation qui seules épousent soit les relégués soit les forçats concessionnaires. Le ministère des colonies a en effet complètement renoncé depuis treize ans à autoriser l'envoi au « Couvent de Bourail » de femmes détenues provenant des maisons centrales de France, les mariages entre les transportés et ces détenues n'ayant point produit de bons résultats. M. Feillet, qui considère les mariages entre reléguées et forçats comme déplorables, nous indique la marche suivie : « Les femmes qui veulent contracter mariage font leur demande. Le commandant du dépôt pénitentiaire donne son avis et le triage est fait par le Directeur de l'Administration pénitentiaire ou par le Gouverneur. Ces femmes sont toutes en état d'être mises sous le régime de la relégation individuelle, bénéfice qu'on leur accorde à leur mariage. Puis elles sont transportées à Bourail, pour qu'elles puissent se faire faire la cour par les concessionnaires. »

Donc qu'il s'agisse, en matière de relégation, d'hommes ou de femmes, le principe du régime appliqué est le même : internement, travail obligatoire en commun pendant le jour, séparation individuelle pendant la nuit (1). Il nous reste à déterminer en quoi et pour quelles causes ces diverses conditions de la vie du relégué collectif peuvent être modifiées.

(1) Il importe de remarquer que la relégation n'emporte pas par elle-même la privation de la jouissance ou de l'exercice des droits civils, mais elle peut être prononcée à la suite d'une condamnation principale qui aura eu cet effet : dans ce cas l'art. 17 de notre loi de 1885 décide que « le gouvernement pourra accorder aux relégués sur les territoires de la relégation, l'exercice de tout ou partie des droits civils dont ils auraient été privés par l'effet des condamnations encourues. »

CHAPITRE II

DES EFFETS ANORMAUX DE LA RELÉGATION

Les effets ordinaires de la relégation se trouvent modifiés plus ou moins complètement suivant la conduite mauvaise ou bonne du relégué, et suivant l'état de ses ressources personnelles. Toutefois, ce dernier élément d'appréciation est de moins en moins pris en considération. C'est ainsi que, pour être admis, dès son départ de France, au bénéfice de la relégation individuelle, un relégué, aux termes de l'art. 2, § 2, du décret du 26 novembre 1885, « doit justifier de moyens honorables d'existence notamment par l'exercice de profession ou de métiers ». Or, il faut avouer qu'il y aurait quelque injustice à faire subir à deux individus également coupables des peines aussi différentes que les deux sortes de relégation, si le chiffre de la fortune seul doit décider celui des deux qui encourra la relégation collective bien plus rigoureuse comme châtiment que la relégation individuelle. Est-ce cette considération qui a dicté les décisions de la commission chargée de statuer, ou bien ne s'est-elle toujours trouvée en présence que d'individus dépourvus de toutes ressources qu'il est par suite impossible d'abandonner ainsi dans une colonie où le travail ne leur serait pas assuré? Toujours est-il que dans aucune des

années qui ont suivi le décret du 26 novembre 1885, le chiffre des relégués individuels au départ de France ne s'est élevé à une moyenne de plus de un pour cent. Si en réalité, dans les colonies, le chiffre des relégués individuels est bien supérieur, cela tient à ce que la relégation individuelle est devenue un moyen de récompenser la bonne conduite. Aussi l'étudierons-nous parmi les effets anormaux de la relégation. Ces effets varient, avons-nous dit, suivant la conduite du relégué; nous examinerons dans un § 1er les effets d'une conduite mauvaise;
— § 2e les effets d'une bonne conduite.

§ 1er

Effets d'une mauvaise conduite.

Les motifs qui peuvent entraîner à l'égard du relégué un régime de rigueur proviennent soit d'infractions aux règlements des pénitenciers, soit de crimes ou délits de droit commun. Or, suivant que l'on se trouvera en présence de l'un ou l'autre de ces faits, non seulement les peines seront différentes, mais le tribunal chargé de statuer ne sera pas le même. Il importe donc de distinguer.

S'il s'agit d'un crime de droit commun : attentat contre les personnes, auquel est assimilée la tentative de rébellion armée, vol, le tribunal compétent est le « tribunal maritime spécial », sorte de cour d'assises composée de militaires, de magistrats et de fonctionnaires. Autrefois quand la peine prononcée était la peine de mort, il fallait attendre, pour exécuter le condamné, que l'affaire eût été examinée par les ministres de la Marine et de la Justice, et que le Président de la République eût statué.

Ces formalités étaient longues et il s'écoulait parfois près d'une année entre le prononcé du jugement et le rejet ou l'admission du recours en grâce. Cet état de choses fut simplifié, par cette double raison, que cette longue attente peut constituer une sorte de torture aussi cruelle qu'inutile à l'égard du condamné et qu'au surplus le châtiment, sous peine de perdre une grande partie de sa portée morale, doit suivre de près le forfait. Aussi le chef de l'État a-t-il récemment délégué, dans une certaine mesure, au Gouverneur, son pouvoir de faire grâce. Toutefois l'exercice de ce droit a été subordonné à certaines conditions. Quand un arrêt de mort est prononcé, le conseil privé se réunit et vote s'il y a lieu ou non de surseoir à l'exécution de la sentence. Si deux membres seulement se prononcent pour l'affirmative, le Gouverneur se trouve dans l'obligation de prononcer la grâce. Par contre, si le vote est défavorable au condamné, la liberté de décision du Gouverneur reste entière : cependant, en fait, c'est la solution du conseil qui est suivie. Il importe enfin d'observer qu'à l'encontre de ce qui se passe en France la peine capitale est exécutée dans des conditions d'intimidation toutes spéciales, puisque tous les condamnés des pénitenciers y assistent.

La seconde des peines, prononcée par le tribunal maritime, est la réclusion cellulaire. Elle consiste dans l'internement séparé, avec tout ce qu'il comporte de plus rigoureux : étroite cellule voûtée, travail obligatoire, ration réduite, promenade d'une demi-heure par jour dans le préau, la tête couverte d'une cagoule.

Si l'on songe à ce que peuvent être plusieurs années passées dans une cellule de trois mètres de long sur un mètre de large, on est en droit de se demander si ce châtiment, s'il a l'avantage d'intimider, n'a pas aussi l'inconvénient fort grave de rendre presque impossible l'amendement du condamné. Si le système de séparation absolue tel qu'il est pratiqué en Belgique, peut être excellent appliqué à une catégorie d'individus non absolument pervertis, chez lesquels on peut espérer faire naître parmi de salutaires réflexions l'idée du repentir, on se demande si cette solitude ne sera pas la pire des conseillères pour ces âmes farouches et perverses où n'a jamais grondé que la voix du mal. Ce qui tendrait à prouver combien l'homme est déprimé par cette existence solitaire, c'est l'observation suivante faite en Belgique où tous les condamnés au système cellulaire pour une durée assez longue demandent à rester isolés, alors qu'on leur propose l'admission au régime d'Auburn, c'est-à-dire la vie en commun pendant le jour. Le besoin de société, qui est inné chez l'homme, fait donc défaut chez ces êtres dont l'état mental est singulièrement affaibli par ces longs mois de cellule. Le mal est d'autant plus sensible que, bien que le travail manuel soit ordonné par les règlements, il est assez difficile de mettre à exécution cette prescription, les produits que l'on peut ainsi fabriquer étant non seulement assez rares, mais d'une vente très difficile dans nos colonies.

Devant ces inconvénients du système cellulaire appliqué à nos relégués, certains auteurs se sont demandés si l'ancien système des punitions corporelles, telles que les coups de schlague, plus brutales en apparence, n'étaient pas moins barbares en réalité et surtout plus efficaces : trente coups de fouet par exemple étaient loin d'altérer l'intelligence et la santé comme quelques mois de cellule. — Il semble difficile cependant, étant donné le caractère odieux que comportent ces châtiments purement corporels, qu'une réaction se produise en ce sens.

Si des crimes et délits de droit commun nous passons à l'examen des simples infractions aux règles des pénitenciers, nous constatons le fonctionnement d'une juridiction spéciale chargée de statuer sur les rapports et demandes de punitions adressés par les surveillants. Ceux-ci n'ont en effet jamais le droit de prononcer une punition eux-mêmes; ils se bornent à la demander à la commission. Cependant au cas de fautes graves et dans les cas où l'ordre et la discipline sont intéressés, ils ont le droit d'arrêter et de mettre préventivement en prison les délinquants, sauf à en avertir immédiatement l'autorité supérieure. Seul, le chef d'un dépôt ou d'un établissement de travail peut prononcer l'interdiction de suppléments de nourriture à la cantine. Ce cas excepté, la peine est toujours prononcée par la commission disciplinaire composée du fonctionnaire chargé du commandement supérieur, faisant fonction de président, et de fonctionnaires ou employés de l'administration pénitentiaire désignés par le directeur comme assesseurs. Un surveillant est chargé des fonctions de greffier. Cette commission ne statue sur la peine à prononcer qu'après avoir entendu l'accusé et les témoins susceptibles de fournir des renseignements utiles. Comme en cour d'assises, l'accusé a la parole le dernier; après quoi la décision à intervenir est prise immédiatement à la majorité des voix.

Le décret du 22 août 1887, qui institue cette commission disciplinaire et la procédure à suivre devant elle, énumère également les infractions qui seront ainsi l'objet de poursuites, ce sont : les détentions de toutes sommes d'argent ou valeurs quelconques; inconvenances, insolences, insultes ou menaces envers un agent ou un fonctionnaire; mutinerie et rébellion; larcins; paresse ou mauvaise volonté au travail; refus d'obéir ou de travailler; ivresse ou rixe; lacération d'effets réglementaires; actes d'immoralité; jeux d'argent.

Les punitions qui peuvent être prononcées sont également déterminées avec leur maximum par le décret du 22 août 1887 (art. 4). Ce maximum est d'un mois pour l'interdiction de cantine, la réduction de salaire, la prison de nuit et la cellule. Quant au cachot qui est la plus grave de ces punitions, son maximum a été fixé à quinze jours. Toutefois la durée de toutes ces punitions peut être doublée si le relégué, dans les trois mois, commet une nouvelle infraction. Enfin si le relégué retombait souvent dans les mêmes fautes et devait par suite être considéré comme incorrigible, la commission disciplinaire peut décider l'envoi au « quartier de punition », où le régime est beaucoup plus rigoureux puisque la défense de parler est absolue et cela sous les peines les plus sévères. Les infractions commises au quartier de punition sont punies de la privation de promenade dans le préau de deux à huit jours, de la cellule à la boucle simple (deux jours à un mois), du cachot à la double boucle (huit jours à un mois), enfin de la prolongation de séjour au quartier de quinze jours à quatre mois.

Toutes ces punitions, commes celles encourues en dehors de ce quartier spécial, sont prononcées par la commission disciplinaire, et de plus sont inscrites sur le livret individuel de chaque relégué. En outre le relevé de toutes les peines infligées par la commission est chaque mois adressé au ministère de la marine avec les motifs qui les ont fait encourir.

Il nous suffira d'ajouter pour en finir avec ce sujet qu'en vertu de ce même décret du 22 août 1887, tout individu puni de cellule ou de cachot sera visité par un médecin désigné par le gouverneur, au moins une fois tous les quinze jours. Au cas où ce médecin déclarerait quelques ménagements nécessaires, une amélioration de régime pourrait être ordonnée ; c'est ainsi par exemple que la disposition par laquelle tout relégué puni de cellule est mis au pain sec un jour sur trois et celui puni de cachot deux jours sur trois, pourrait être levée en cas de maladie.

§ 2

Effets d'une bonne conduite

Les améliorations dont le sort du relégué peut être l'objet n'ont rien qui doive nous surprendre si nous songeons que nous sommes en présence d'un homme qui a payé sa dette sociale pour chaque fait délictueux qu'il a pu commettre. La relégation est une mesure de police, avons-nous dit, mesure prise à raison du caractère de nocuité que présente celui qui en est l'objet. Par suite de l'instant où ce caractère dangereux s'atténuera d'une façon notable, du jour où il disparaîtra, il n'y a pas de raison pour que la mesure de sûreté ne soit pas proportionnée à la cause qui l'a fait prononcer. Lorsqu'une personne est condamnée à raison d'un fait précis à une peine déterminée, il n'y a aucun motif rationnel pour diminuer, en droit, le châtiment prononcé : car celui-ci est le corollaire d'un fait accompli qui subsiste indéfiniment et a produit toutes ses conséquences mauvaises. Dans notre hypothèse il en est autrement, la raison d'être de la relégation est, comme nous l'avons dit au commencement, dans la psychologie du relégué, psychologie essentiellement variable et mobile ; elle doit en suivre les variations diverses. La société n'a éliminé le relégué qu'en raison des dangers qu'il présentait ; lorsqu'il est établi que ce danger a disparu, la relégation ne peut plus être maintenue : car la dette sociale proprement dite a été payée par les diverses condamnations subies après chaque délit ou crime. Il y a donc dans les effets de la relégation une application très curieuse de la théorie des « sentences indéterminées ». Ce n'est donc point seulement en son principe mais également dans ses conséquences que la loi du 27 mai 1885 dénote l'influence très nette de l'école italienne et de la théorie de la criminalité subjective.

Ceci exposé, nous allons examiner par quelles mesures le sort du relégué collectif peut être, par application de ces principes, amélioré. Ces mesures sont au nombre de trois :

1° L'admission dans une section mobile;

2° Le bénéfice de la relégation individuelle;

3° La libération absolue.

1. — Admission dans une section mobile.

L'institution des sections mobiles a été l'objet de trois décrets en date des 18 février 1888, 12 février et 13 juin 1889.

Le but de ces décrets est de grouper en détachements spéciaux ceux qui, parmi les relégués, présentent les plus grandes chances d'amendement et de réforme morale.

On s'est basé sur ce fait que nombre de récidivistes étaient d'anciens soldats, dont les états de service ne révélaient pas de penchants particulièrement fâcheux tant qu'ils étaient restés sous les drapeaux, et qui ne devenaient paresseux et déclassés que lorsqu'ils étaient abandonnés à eux-mêmes.

Pour être admis dans une section mobile, il faut, aux termes de l'art. 2 du décret du 18 février 1888, « avoir une constitution vigoureuse et présenter des garanties de bonne conduite ». Ces deux qualités nécessaires s'expliquent d'elles-mêmes, étant donné que ces individus vont être soumis à un travail physiquement plus pénible que celui des pénitenciers, mais moralement bien moins rigoureux. La discipline et la surveillance y étant moins rigides, il importe que l'administration soit certaine que les relégués n'en abuseront pas. C'est la commission disciplinaire, la même qui prononce les punitions, qui statue également sur l'admission dans la section mobile.

Bien qu'en principe, le régime des relégués sectionnaires soit identique à celui des relégués collectifs, il y a, en fait et en droit, de nombreuses dérogations à cette règle.

En fait, cela dépend beaucoup du chef de la section ou du détachement, qui obtiendra souvent plus par la bienveillance, si quelque bon sentiment subsiste encore au cœur de ses surveillés, que par une exécution rigoureuse des termes de la loi.

Au reste, le législateur lui-même s'est montré plus clément à l'égard des sectionnaires ; c'est ainsi qu'il a déclaré que les dispositions relatives au quartier de punition ne seraient pas applicables aux sectionnaires, que pour eux la durée maxima des punitions pour infractions aux règlements serait réduite de moitié. Bien plus, le sectionnaire, qui se distingue particulièrement par son travail et sa conduite, peut être l'objet de faveurs spéciales, qui consistent dans une demi-liberté accordée aux heures de repos ; c'est ainsi qu'il pourra, avec une autorisation spéciale, sortir du cantonnement. Des permissions pourront même lui être accordées pour chercher du travail dans la colonie, en vue de son admission à la relégation individuelle.

Il y a donc, dans l'organisation des sections mobiles, une application restreinte sans doute, mais très réelle, du système appliqué notamment en Angleterre, de l'acquisition progressive de la liberté. Ce système comporte plusieurs classes de détenus (quatre en général), dont chacune s'éloigne davantage du régime cellulaire pour se rapprocher de la liberté absolue, à laquelle sera admis le prisonnier, quand on le jugera suffisamment aguerri contre les dangers qu'elle semblait présenter pour lui.

A cette faculté de jouir d'une 'emi-liberté se rattache cette autre disposition de l'art. 10 du décret du 18 février, aux termes duquel le sectionnaire qui s'absente sans autorisation de son cantonnement, n'est réputé en état d'évasion que douze heures après la constatation de sa disparition, alors que l'état d'évasion est déclaré pour le relégué collectif, sitôt la dispar ition constatée.

Il faut du reste observer que les évasions des relégués sont fort rares : car, une fois hors du cantonnement, sans argent, obligé d'éviter les chemins et les endroits habités, l'évadé en est le plus souvent réduit à aller demander de l'ouvrage dans des mines, où on néglige quelque peu l'inspection du livret et où il est bien plus mal nourri qu'au pénitencier et travaille davantage. Encore ce bonheur relatif n'a-t-il qu'une durée très limitée, puisque cet évadé est inévitablement repris. Quant à quitter l'île même, il n'y faut pas songer en Nouvelle-Calédonie, car, se procurer des vivres pour un temps assez long, s'emparer d'une embarcation, louvoyer sans encombre, avec un vent favorable, au milieu des récifs qui font à l'île une double ceinture, à supposer qu'on ait trompé la vigilance des gardes-côtes, tenir la haute mer pendant quinze jours ou trois semaines, sans moyen pour lutter contre la tempête, le tout pour être englouti avant d'arriver au port, ou pour tomber entre les mains de la police australienne, est un projet beaucoup trop aléatoire et beaucoup trop hardi pour tenter des gens aussi apathiques et aussi paresseux que nos relégués. Ils n'ont ni l'énergie ni la volonté suffisante pour le mettre à exécution. Quant aux relégués de Saint-Jean du Maroni, les forêts qui entourent le camp sont infestées de trop de fauves pour que les malheureux songent même à s'y aventurer.

Si le relégué ne se montrait plus, à une certaine époque, digne du régime de faveur qui lui est appliqué, la commission disciplinaire aurait à prononcer sa déchéance en même temps qu'elle statue sur les infractions dont il s'est rendu coupable. L'art. 9 du décret du 18 février dispose en effet que « tout relégué, faisant partie des sections mobiles et qui a encouru en moins d'une année deux mois de cellule ou un mois de cachot, ou est signalé par sa mauvaise conduite persistante, peut être réintégré dans les établissements affectés aux relégués collectifs. » Notons toutefois que l'avis donné par la commission n'est pas nécessairement suivi par le gouverneur, qui statue en dernier ressort sur la proposition du chef de la section mobile à laquelle appartient le coupable et sur l'avis conforme de la commission.

Quant au régime alimentaire, les relégués sectionnaires sont traités comme les disciplinaires coloniaux. Il y est pourvu, suivant les cas, tantôt par l'administration qui emploie ces sectionnaires, tantôt par les particuliers, si ces relégués sont à leur service.

Cette main-d'œuvre pénale est toujours rémunérée par celui qui l'emploie, et cette rémunération est l'objet d'une division en trois parties : un tiers est prélevé par l'administration, pour se couvrir des frais d'entretien que lui occasionne le relégué, un tiers est donné en libre disposition au relégué lui-même, et enfin le troisième tiers est porté à l'actif du relégué, et forme ce qu'on appelle « son pécule réservé », qui lui permettra plus tard d'être admis au bénéfice de la relégation individuelle.

Les décrets des 12 février et 13 juin 1889 sont venus créer trois sections mobiles. La section n° 1 est affectée au domaine de l'Ouaménie, dans la Nouvelle-Calédonie ; la section n° 2 est répartie, en Guyane, sur le territoire du Haut-Maroni ; la section n° 3 est provisoirement établie à Diego-Suarez. L'effectif de chacune de ces sections ne peut être supérieur à quatre cents relégués. Ceux-ci sont tour à tour employés à l'exploitation de bois, et à des travaux de route, d'assainissement et de défrichement.

Si nous supposons que, dans la section mobile où il a été admis, le relégué donne des marques non équivoques d'un amendement sérieux, ne va-t-on pas pouvoir prendre en considération les efforts faits en ce sens ? On le pourra d'autant plus que la surveillance à laquelle il était soumis, n'avait, ainsi que nous l'avons dit, sa raison d'être que dans la présomption d'incorrigibilité que ses nombreux forfaits avaient établie. Or, cette présomption tombe d'elle-même. Cependant, au lieu de lever immédiatement et d'une façon absolue la mesure de police dont il était l'objet, le législateur a voulu le mettre en contact encore plus direct avec la liberté, dont autrefois il abusait; aussi permet-il de lui accorder le bénéfice de la relégation individuelle. Ce sera une nouvelle épreuve, dont il nous faut maintenant déterminer les caractères et les effets.

2. — *La relégation individuelle.*

Elle devait en principe être la règle dans l'esprit du législateur de 1885; car l'article 1er, définissant la relégation « l'internement du récidiviste sur le territoire d'une colonie », semblait bien admettre que dans cette colonie le relégué aurait une liberté assez grande. Nous avons vu comment la nécessité de nourrir et d'entretenir la plupart des relégués avait amené le Gouvernement à imposer à ceux-ci un travail dont la rémunération couvrirait tout ou partie des frais faits à leur égard. Cependant, le tiers seulement de ce salaire aura pu être retenu par l'administration, les deux autres tiers formant par moitié le « pécule disponible » et le « pécule réservé ». Or, si nous supposons que le relégué collectif a eu, soit pendant son séjour dans l'établissement pénitentiaire de l'île des Pins, soit pendant son passage dans la section mobile, une conduite exemplaire, rien ne s'oppose plus à ce qu'on lui accorde le bénéfice d'une liberté plus grande, c'est-à-dire le titre de relégué individuel. D'une part, en effet, sa conduite fait présumer que tout le danger qu'il faisait courir à l'ordre social a désormais disparu; et, d'autre part, le pécule réservé que l'administration a porté en compte à son actif, va lui être remis et lui permettre de faire face aux premières nécessités. Il ne faudrait pas croire cependant que désormais ce relégué va être absolument libre; sa situation présente au contraire beaucoup d'analogie avec l'ancienne surveillance de la haute police.

Le relégué, qui se croit dans les conditions requises pour être admis à la relégation individuelle, fait une demande. Cette demande est soumise à l'appréciation d'une commission de classement, composée d'un magistrat président et de deux membres chargés de représenter, l'un la direction de l'intérieur, l'autre le service pénitentiaire (art. 8, déc. 26 nov. 1885). Cette commission dresse une liste sur laquelle le gouverneur et le conseil de santé donnent leur avis; et c'est avec l'aide de ces divers éléments que statue en dernier ressort le ministre des colonies.

De ce que la relégation individuelle est en fait une faveur accordée en considération de l'amendement du condamné, il s'ensuit que ce bénéfice ne sera maintenu qu'autant que le titulaire s'en montrera digne. A l'inverse du transporté libéré, qui, une fois sa peine terminée, rentre dans le droit commun et ne peut se voir soumis à nouveau aux travaux forcés, sans qu'une condamnation soit prononcée contre lui par les tribunaux ordinaires, le relégué individuel peut redevenir relégué collectif à la suite d'une procédure identique à celle suivie lorsqu'il s'agit de l'admission à l'individuelle. Le retrait est prononcé définitivement par le ministre des colonies, sur la proposition du gouverneur et après avis de la commission. La décision est ensuite communiquée aux ministres de l'intérieur et de la justice. Cette déchéance sera prononcée notamment dans les hypothèses prévues par l'art. 10 du décret du 26 nov. 1885, c'est-à dire : 1° en cas de nouvelle condamnation pour crime ou délit ; 2° pour inconduite notoire ; 3° pour violation des mesures d'ordre et de surveillance auxquelles le relégué est soumis ; 4° pour rupture volontaire et non justifiée de son engagement ; 5° pour abandon de sa concession. De l'art. 34 du même décret, il résulte que l'impossibilité pour un relégué de pourvoir à sa subsistance ne lui fait pas perdre le bénéfice de la relégation individuelle. Dans ce cas, il peut faire une demande pour être employé par l'administration, dans dans les exploitations, ateliers ou chantiers affectés à la relégation collective, et se trouve en conséquence soumis aux règlements disciplinaires intérieurs de ces établissements.

Deux ans seulement après le vote de la loi de 1885 est intervenu le décret portant organisation de la relégation individuelle. Ce décret, en date du 25 nov. 1887, soumet le relégué individuel à plusieurs obligations : notamment de conserver un livret qui doit être représenté à toute réquisition et à la simple lecture duquel on peut être renseigné sur tout ce qui intéresse le porteur, puisque son état civil détaillé, son signalement, sa situation au point de vue judiciaire, sa résidence, les lieux qui lui sont interdits, y sont mentionnés. Ce livret doit être visé deux fois par année, en janvier et en juillet.

Toutes les fois que le relégué veut changer de résidence, il est tenu d'en aviser l'autorité chargée de viser son livret, dans l'endroit qu'il quitte et dans la localité où il va ; de telle sorte que l'administration connaît la résidence de tous les relégués individuels. Certains lieux, spécialement désignés, peuvent même lui être interdits. Toute infraction à ces dispositions peut entraîner soit le retrait de la relégation individuelle, soit un avertissement de la part du gouverneur, avertissement dont mention sera faite sur le livret. Enfin, le relégué individuel doit constituer soit immédiatement, soit progressivement par lui ou par un tiers, un fonds de réserve destiné à faire face aux dépenses qu'occasionnerait son traitement dans les hôpitaux de la colonie.

Il importe d'observer que les principales dispositions de ce décret relatif à la relégation ont été, deux mois plus tard, par un décret du 13 janvier 1888, rendues applicables aux transportés libérés qui, jusqu'alors, jouissaient dans la colonie d'une liberté complète. On a pensé, à juste titre, que ces libérés n'étaient souvent pas moins dangereux pour la sécurité publique que les relégués, et, qu'en tous cas, certaines mesures de surveillance étaient à prendre à leur égard. On arrive, par suite de cette assimilation, à ce résultat bizarre, que les législateurs de 1854 et de 1885, partis de principes entièrement différents, puisque le premier édicte une peine principale et le second une mesure de police, aboutissent à un état de choses sensiblement le même, le transporté libéré et le relégué individuel étant soumis à un régime identique.

Cette unification des deux systèmes pénitentiaires coloniaux se dénote d'une façon très nette dans la faculté laissée aux transportés libérés et aux relégués individuels, de se créer des ressources pécuniaires, soit en entrant au service de quelque colon, soit en s'établissant lui-même commerçant, industriel ou agriculteur. Dans ce dernier cas, qui est le seul sur lequel nous ayons quelques explications à fournir, le relégué individuel s'adressera à l'administration pénitentiaire, pour obtenir une concession de terre. Au terrain qu'elle désigne, l'administration joint quelques subsides pour bâtir la case, des outils pour cultiver, des semences, et enfin des vivres pour trente mois. Si au bout de ce laps de temps, la concession n'est pas mise suffisamment en rapport pour subvenir aux besoins du relégué et de sa famille, celui-ci est obligé d'en faire l'abandon et, tombant par suite sous le coup de l'art. 10 du décret du 26 novembre 1885, il redevient relégué collectif.

Le système des concessions qui se rattache d'une façon si intime à la colonisation pénale, dont il est la base nécessaire, est l'objet de vives controverses, puisque c'est tout un procédé de colonisation qui se trouve par le fait même en jeu. Pour se rendre compte combien sur ce point les avis diffèrent, il suffit de rappeler que dans la séance à la Société générale des Prisons, du 17 mars dernier, alors que M. Feillet soutenait que chaque concession revenait à 5.000 fr. à l'État, M. Noël-Pardon affirmait que ce chiffre devait être réduit à 400 fr., c'est-à-dire à moins d'un dixième. Aussi, comme lorsqu'il s'est agi de la main-d'œuvre pénale, au lieu de discuter ce qui, en fait, se passe en Nouvelle-Calédonie ou à la Guyane (puisque sur ce point, les personnes qui y ont résidé ne semblent pas elles-mêmes bien fixées), nous contenterons-nous d'examiner la question de la colonisation pénale, à un point de vue proprement scientifique et théorique.

Pour les partisans de la colonisation pénale, celle-ci a le double avantage de résoudre d'une façon très simple deux questions de haute importance : l'utilisation des bonnes volontés au profit de la rénovation individuelle et l'utilisation de cette régénération au profit de l'intérêt général. Si on prend soin que le colon condamné ne devienne pas une cause de gêne et d'inquiétude pour la population libre et honnête, on donne ainsi le plus souvent à une colonie qui manque de bras un élément qui peut servir à son développement et à sa prospérité. N'est-ce point à ses convicts que l'Angleterre doit ses magnifiques colonies de l'Australie? Au reste, il importe de remarquer que la Nouvelle-Calédonie n'a jamais protesté contre ce système. On peut donc dire tout d'abord que la colonisation pénale est favorable à la nation qui la pratique. — De plus, elle aboutit fréquemment au reclassement social définitif de celui qui en est l'objet. En choisissant avec soin parmi les condamnés ceux qui sont dignes de devenir concessionnaires, on leur donne une marque officielle de confiance, dont ils chercheront à se rendre dignes. Loin du lieu de ses crimes, le libéré est plus accessible aux salutaires influences; le sentiment de la propriété développera chez lui des idées d'ordre et d'économie, qui deviennent des garants précieux de sa conduite future. Enfin, la colonisation exige surtout un travail au grand air qui, loin de les épuiser, ne contribuera plutôt qu'à développer les forces affaiblies par les années passées antérieurement en prison.

A ces arguments tendant à prouver les bienfaits de la colonisation pénale tant au point de vue de la société qu'à celui du condamné, on répond tout d'abord que l'expérience a montré depuis longtemps l'échec certain de la colonisation pénale. La France n'a réussi ni à la Nouvelle-Calédonie ni à la Guyane. La Russie n'a pas été plus heureuse en Sibérie. Quant à l'Angleterre, si ses convicts ont préparé les colonies prospères de l'Australie, tout porte à croire que ce système ne lui a pas paru pleinement satisfaisant, puisque depuis nombre d'années elle a renoncé à la transportation dans les colonies pour organiser une sorte de transportation à l'intérieur, à Portland, Portsmouth et Chatham. — L'expérience a encore démontré combien ce mode d'élimination coûtait à l'Etat. On estime en effet qu'un relégué entraîne pour le budget une dépense de plus de sept fois supérieure à celle d'un détenu et pour donner quel résultat? Aucun: car quels services au point de vue de la colonisation demander à ce récidiviste, à ce vagabond qui a passé ses hivers en prison et ses étés à errer dans l'oisiveté. On ne peut vraiment pas d'un jour à l'autre en faire un travailleur par un simple changement de climat. De plus de deux choses l'une: ou bien la relégation s'opère dans une colonie malsaine où les indigènes peuvent seuls vivre, c'est alors une condamnation à mort à terme, peine trop rigoureuse pour ne pas dire inhumaine, et de plus qu'attendre de cet être dont les forces physiques iront de jour en jour diminuant; — ou bien on désigne pour lieu de relégation une colonie salubre: alors la peine disparaît et le récidiviste, loin de considérer cette expatriation comme un châtiment, y voit au contraire une bonne fortune. La relégation constitue dans ces conditions comme « une sorte de défi jeté aux honnêtes gens » et les millions qui vont être dépensés pour le transfert, l'installation et le maintien des relégués dans une colonie salubre ne trouveraient-ils pas un meilleur emploi dans des primes accordées à la transportation libre, à l'émigration. L'émigration aurait le double avantage de contribuer dans une plus forte mesure que la relégation à la prospérité de la colonie et de constituer aussi dans nombre de cas une mesure préventive contre le crime et la récidive: car ceux qui accepteront le plus facilement cette émigration soldée seront précisément ceux dont l'énergie est comprimée dans la mère-patrie, ceux qui n'ont pas l'activité nécessaire pour s'y créer une situation, ceux qui ayant commis une première infraction trouvent plus difficilement que les autres à gagner leur vie et qui, las de la lutte et désespérés, se tournent un jour vers le crime. En favorisant pécuniairement parlant leur émigration, on obtient des résultats infiniment meilleurs à tous les points de vue, qu'en organisant à grands frais la colonisation par main-d'œuvre pénale.

A notre humble sens, chaque système contient à la fois une part de vérités et d'erreurs que nous allons essayer de mettre en relief.

Dire comme les adversaires de la colonisation pénale, que l'émigration seule peut donner de bons résultats, que l'expérience a démontré l'insuccès de toute autre méthode, que les ressources budgétaires doivent être uniquement consacrées aux transportés volontaires, c'est tenir peu de compte de l'expérience que l'on invoque. Il faut en effet songer que dans le but de favoriser la colonisation libre, un ministère, il y a quatre ans environ, avait passé avec une société d'émigration un contrat aux termes duquel douze familles d'agriculteurs, avant-garde de toute une population, devaient être envoyés en Nouvelle-Calédonie aux frais de ladite société. Quant à l'État, il s'était chargé de bâtir les maisons et dépendances, de fournir six mois de vivres, de garnir les étables et basses-cours. Au jour annoncé par la société, les douze familles débarquèrent à la Nouvelle-Calédonie et deux ans après, malgré les encouragements de toutes sortes prodigués par l'administration, tous les colons, un à un, avaient abandonné leurs concessions. Cet exemple ne montre-t-il pas que l'étude du passé n'est guère plus favorable à la colonisation libre qu'à la colonisation pénale. Il semble donc que cette dernière présente au moins cet avantage sur l'autre que sur le nombre des transportés obligés de résider perpétuellement dans la colonie, quelques-uns préféreront s'y créer une situation normale. Les exemples de transportés libérés devenus fort bons colons n'y sont pas rares.

Mais cette idée est-elle applicable aux relégués? Nous ne le croyons pas et c'est là, à notre avis, le principal défaut du premier système que nous avons exposé : système d'après lequel la colonisation par relégués fournirait d'excellents résultats. On assimile à tort le transporté libéré et le relégué. Or il faut observer que le forçat et le récidiviste, s'ils sont arrivés au même résultat pratique, ont suivi pour l'atteindre des chemins fort différents. Le premier a, pour ainsi dire, pris sans hésiter la grande route qui l'a mené droit au but ; le second s'est engagé dans un sentier étroit et sinueux qu'il a mis plus de temps à parcourir. Aussi l'homme de la cour d'assises arrive-t-il au bagne avec toute sa force, toute son énergie, tout son moi dans lequel le pire peut être allié à du bon : c'est un individu qui a commis un crime passionnel par exemple. Tandis que le récidiviste n'a plus depuis longtemps ni ressort ni courage, l'habitude de la paresse est chez lui invétérée, le sens moral semble même y être totalement oblitéré. Or si l'on peut s'imaginer le premier capable d'énergie, de courage, de volonté et par suite pouvant devenir un être utile à l'œuvre coloniale, il semble difficile de partager cette opinion relativement au récidiviste que tout, dans ses antécédents et dans sa nature même, semble prédisposer à une incapacité absolue d'initiative et de relèvement moral.

Si donc nous considérons la colonisation par main-d'œuvre pénale comme digne d'être encouragée en principe et d'une manière générale, nous croyons devoir faire une exception lorsqu'il s'agit de récidivistes. Dans ce cas, les moyens dont on dispose sont, à notre sens, tellement en disproportion avec le but poursuivi que l'échec est certain. Pour nous servir d'une expression employée lorsqu'il s'agit de déterminer le crime impossible, nous dirons que dans notre cas aussi il y a « fausse adaptation des moyens à l'objet ». Autrement dit, la colonisation pénale présente encore quelques chances de réussite appliquée aux transportés, ces chances nous semblent beaucoup diminuées si on emploie des relégués. Au reste la dernière faveur accordée par la loi du 27 mai 1885 au relégué qui se conduit bien est une mesure aussi anticolonisatrice que possible (1).

3. — *Libération absolue.*

L'art. 16 de cette loi décide en effet que « le relégué pourra à partir de la sixième année de sa libération, introduire, devant le tribunal de la localité, une demande tendant à se faire relever de la relégation en justifiant de sa bonne conduite, des services rendus à la colonisation et de moyens d'existence ».

Cette disposition qui ne figurait pas dans le projet de loi votée par la Chambre des députés le 29 juin 1883, un amendement en ce sens ayant même été rejeté par elle dans la séance du 26 juin, a été introduite par le Sénat. L'espoir d'obtenir cette libération sous certaines conditions constatées devant l'autorité judiciaire serait,

(1) Sic. A. Girault. *Principes de colonisation et de législation coloniale.*

a-t-on dit, pour les relégués le plus puissant stimulant dans la voie de l'amélioration morale. Lorsque la loi revint devant la Chambre des députés, le nouvel article 16 fut adopté, mais non sans beaucoup d'hésitations. N'est-il pas à craindre en effet que l'espérance d'un retour en France, relativement assez facile, n'empêche dans nos colonies pénales nombre d'établissements sérieux et définitifs. Cela est d'autant plus regrettable que ce sont précisément ceux qui parmi les relégués offriraient le plus de garanties comme colons, qui se trouveront en mesure de jouir de la faveur de l'art. 16. — Un décret du 9 juillet 1892 a déterminé les conditions requises et la procédure à suivre pour obtenir la libération.

Vu par le Président de la Thèse,

NORMAND.

Vu, le Doyen,

LE COURTOIS.

Vu et permis d'imprimer :

Poitiers, le 28 mai 1897.

Le Recteur,

H. CONS.

BIBLIOGRAPHIE

ANDRÉ. — *La récidive* (1892).

AUZIES. — *Recueil de l'Académie de législation de Toulouse*, 1884-1885, p. 69.

P. BERTON. — *De la relégation des récidivistes* (1887).

BLANCHE. — *Études pratiques sur le Code pénal.*

BONNEVILLE DE MARSANGY. — *La récidive* (1844).

BOURDEAU. — *De la récidive et des moyens de la réprimer* (1879).

CHAUVEAU ET HÉLIE. — *Théorie du Code pénal*, 6ᵉ édit., revue par M. Villey (t. I, nᵒˢ 200 et suivants).

DEPEIGES. — *Commentaire pratique de la loi sur les récidivistes.*

A. DESJARDINS. — Journal *le Droit*, 26 et 27 janv. et 10 juillet 1886.

F. DESPORTES. — *La récidive* (1883).

F. DESPORTES ET LEFÉBURE. — *La science pénitentiaire au congrès de Stockholm* (1880).

P. DISLÈRE. — *Rapport sur l'application de la loi de 1885* (1886, 1887 et 1888).

EYQUEM. — *Des peines de la récidive et de la relégation des récidivistes.*

FERRI. — *Nuovi orrizonti del dirrito penale.*

FOÏNITSKI. — *La transportation russe et anglaise* (1895).

H. FONTAINE. — *France judiciaire*, 9ᵉ année, p. 266.

A. FRANCK. — *Philosophie du droit pénal.*

GARÇON. — *La loi des récidivistes* (*Journ. du Droit Crim.*, 1885, p. 752 et suivantes).

GAROFALO. — *Criminologia.*

GARRAUD. — *Traité théorique et pratique du droit pénal français* (t. I, nos 296 et suivants; t. II, nos 198 et suivants).

GAY. — *Commentaire pratique de la loi sur les récidivistes.*

A. GIRAULT. — *Principes de colonisation et de législation coloniale* (1895).

HOMBERG. — *De la répression du vagabondage* (1862).

E. JACQUIN. — *Rapport sur l'application de la loi de 1885* (1889, 1890).

JAMBOIS. — *Code pratique de la relégation.*

H. JOLY. — *Le combat contre le crime* (1892).

LABORDE. — *Cours élémentaire de Droit criminel* — (Journal *la Loi*, 22 mai 1886).

LE POITTEVIN. — *Commentaire pratique de la loi du 27 mai 1885.*

LOMBROSO. — *L'homme criminel* (1895).

MARRO. — *I caratteri dei delinquenti.*

A. NORMAND. — *Traité élémentaire de Droit criminel* (1896).

OLIVECRONA (D'). — *Des causes de la récidive et des moyens d'en restreindre les effets* (1873).

ORTELAN. — *Éléments de droit pénal* (t. I, nos 214 et s.).

PIERRET. — *Transportation et colonisation pénales* (*tribune des colonies et des protectorats*).

L. PROAL. — *Le crime et la peine* (1892).

PUIBARAUD. — *Les malfaiteurs de profession* (1893).

REINACH. — *Les récidivistes* (1882).

SAUVAJOL. — *Gazette des Tribunaux*, 19 décembre 1885.

E. TEISSEIRE. — *La transportation pénale et la relégation* (1893).

TISSOT. — *Le Droit pénal étudié dans ses principes et dans les lois des différents peuples du monde.*

TOURNADE. — *Commentaire de la loi sur les récidivistes.*

VIDAL. — *Principes fondamentaux de la pénalité dans les systèmes les plus modernes.*

WEISS. — *Étude sur les conditions de l'extradition.*

YVERNÈS. — *De la récidive et du régime pénitentiaire en Europe.*

Bulletin de la Société générale des Prisons (revue pénitentiaire) (1883, pp. 108 et suivantes).

DALLOZ, Suppl., *récidive-relégation*, pp. 77 à 110.

Journal officiel. — Rapports de M. Gerville-Réache, mai 1883, annexe n° 1810. — Juillet 1883, annexe n° 2002. — Mai 1885, annexe n° 3653.

— *Rapports de M. de Verninac*, janvier 1885, annexe n° 352. — Mars 1885, annexe n° 127.

TABLE DES MATIÈRES

INTRODUCTION

§ 1. Théorie pénale dont semble s'être inspirée la loi du 27 mai 1885. 2
§ 2. Antécédents de la loi du 27 mai 1885.................. 7
§ 3. But de la loi de 1885.................................. 12

PREMIÈRE PARTIE

CONDITIONS DE LA RELÉGATION

CHAPITRE PREMIER.

De la récidive de la relégation.............................. 27

Section I. — *Éléments de la récidive de relégation*..... 29

§ 1. Exclusion des condamnations politiques.................. 30
§ 2. Des condamnations pour faits de droit commun qualifiés crimes 35
§ 3. Des condamnations pour faits de droit commun qualifiés délits 49
§ 4. Des conditions communes aux diverses condamnations...... 57

Section II. — *Nature de la récidive de relégation*..... 65

§ 1. De l'ordre des condamnations.......................... 65
§ 2. Du délai décennal..................................... 77

Section III. — *Des catégories d'infractions visées par la loi*. 82

§ 1. 1er cas de relégation................................. 83
§ 2. 2e et 3e cas de relégation............................ 85
§ 3. 4e cas de relégation.................................. 89
§ 4. Des cas de relégation prévus par les lois spéciales.......... 101
Appendice : Du principe de non-rétroactivité de la loi de 1885...... 103

CHAPITRE II.

Du jugement de relégation 106

Section I. — *Constatation de la récidive* 108

§ 1. Preuve de l'identité du prévenu 108
§ 2. Preuve des condamnations antérieures 113

Section II. — *Des règles de procédure spéciales en matière de relégation* 117

§ 1. Exclusion de la procédure des flagrants délits 117
§ 2. Nomination d'un défenseur d'office 127

Section III. — *Application de la relégation par le juge* .. 130

§ 1. Du juge compétent pour prononcer la relégation 131
§ 2. Du caractère obligatoire de la relégation 135
§ 3. Des cas où le juge ne doit pas prononcer la relégation 139

Section IV. — *Des énonciations du jugement de relégation*. 150

Visas des condamnations 151

DEUXIÈME PARTIE

EFFETS DE LA RELEGATION

CHAPITRE PREMIER.

Des effets normaux de la relégation 159

§ 1. Transfert dans une colonie 164
§ 2. Régime spécial d'internement et de travail obligatoire dans la colonie 170

CHAPITRE II

Des effets anormaux de la relégation 179

§ 1. Effets d'une mauvaise conduite 180
§ 2. Effets d'une bonne conduite 185

1° Admission dans une section mobile 186
2° Relégation individuelle 191
3° Libération absolue 200

Bibliographie 203

Poitiers. — Imprimerie BLAIS et ROY, 7, rue Victor-Hugo.

www.ingramcontent.com/pod-product-compliance
Lightning Source LLC
Chambersburg PA
CBHW070528200326
41519CB00013B/2971

9782011288790